Mia Öhrn

Macarons Cupcakes Cakepops

Lauter süße Kleinigkeiten für mich und meine Freundinnen

Fotos: Ulrika Pousette

Jan Thorbecke Verlag

INHALT

Vorwort 6

„Macaronschule“ 8
Maracuja-Macarons 12
Limette-Minz-Macarons 14
Himbeer-Macarons 16
Schwarze-Johannisbeer-Macarons 18
Haselnuss-Macarons mit Birnencognac-Ganache 20
Schokoladen-Macarons mit Kaffeeganache 22
Schokoladen-Macarons mit Salztoffee 24
Kardamom-Macarons mit Milchschokoladenganache 26
Lakritz-Macarons 28
Macaron-Lollies mit Erdbeercreme 30
Ispahan 32
Schokoladenganache 34
Orangenganache-Biskuits 36
Himbeerganache-Schnitten 38
Krokantschnitten mit Rumganache 40
Das Spritzen 42
Cupcakes 43
Blaubeer-Cupcakes 44
Rocky-Road-Cupcakes 46
Lakritz-Cupcakes 48
Erdbeer-Cupcakes 50
Pfefferminzstangen-Cupcakes 52
Apfel-Cupcakes 54
Kokos-Maracuja-Cupcakes 56
Minicupcakes mit Rosenwasser und Grapefruit 58
Cakepops 62
Cakepops mit Schokoladenfüllung 63
Osterpops 64
Weihnachtspops 66
Whoopie Pies 68
Schokoladenkugeln mit Kaffeelikör 70
Petit Fours 72
Glasierte Mürbteigkekse 74
Nugat-Dubletten 76
Himbeerkekse 78
Madeleines 80
Straßburger 82
Amaretti 84
Fudgetörtchen 86
Preiselbeertörtchen 86
Lavendelmedaillons 88
Marmorierte Haselnuss-Brownies 90
Einkaufsadressen 92
Dank 92
Register 94

Ein zuckersüßer Goldrand für das Leben

Das Leben besteht zu einem ziemlich großen Teil aus Alltag. Er kann ein wenig trist, nasskalt und voll von Stress, Fensterkuverts und verpassten Bussen sein. Damit habe ich mich abgefunden, denn natürlich kann man nicht jeden Tag nur jetsetten, feiern und Champagner trinken. Dennoch gibt es diese kleinen Kniffe, durch die man das Leben etwas fröhlicher machen kann. Zum Beispiel Leitungswasser aus Weingläsern trinken. An einem Wochentag morgens statt der schnellen Dusche ein Wannenbad nehmen. Und dann natürlich Süßigkeiten! Sie sind ein überschaubarer Luxus, mit dem man sich nicht ruiniert, die aber dem Alltag trotzdem einen Goldrand zaubern. Das ist es, was ich mit diesem Buch erreichen will: Dass es Sie glücklich macht, nur darin zu blättern, und dass das Leben etwas fröhlicher und glamouröser wird, wenn Sie backen und wenn Sie das Gebackene genießen. Auch wenn es ein dunkler und nasskalter Montag im Januar ist. Schwelgen Sie also in meinem allersüßesten, luxuriösesten, leckersten und buntesten Lieblingsgebäck!

„Macaronschule"

Macarons zu backen, ist nicht besonders schwierig, aber es kann auch leicht misslingen. Kennzeichen eines Macarons sind der „Kragen", der sich bildet, wenn sich der Keks vom Blech erhebt, und die glatte, schöne Oberfläche – und genau das kann schiefgehen. Entweder die Oberfläche des Kekses reißt, oder er hebt sich nicht vom Blech und bekommt somit auch keinen Kragen. Wenn Sie sich alle Tipps sorgfältig durchlesen und dem Rezept genau folgen, wird es jedoch spielend leicht gehen!

Rezepte

Es gibt zwei Varianten von Macaronrezepten, eine, bei der man heißes Zuckerwasser ins Eiweiß einrührt und ein sogenanntes Italienisches Baiser macht, und eine, bei der man ganz normales Baiser verwendet. Ich finde, dass beide Varianten gut funktionieren, entscheide mich aber meistens für die Variante mit normalem Baiser.

Verwenden Sie am besten eine Digitalwaage, wenn Sie Macarons backen, und wiegen Sie die Zutaten sorgfältig ab.

Mandeln

Für Macarons braucht man Mandelmehl, was genau das Gleiche ist wie gemahlene Mandeln. Um Mandelmehl herzustellen, überbrüht und schält man die Mandeln und lässt sie dann etwas trocknen. Anschließend werden sie in einer Mandelmühle ganz fein gemahlen. Manche mixen die Mandeln auch in der Küchenmaschine und finden, dass das gut funktioniert, aber als ich es ausprobiert habe, ergab es krümelige und nicht ganz runde Macarons.

Selbst kaufe ich immer fertiges Mandelmehl, weil ich das Überbrühen, Schälen und Mahlen der Mandeln etwas beschwerlich finde. Es ist nicht so einfach, Mandelmehl zu bekommen, aber wenn man danach sucht, findet man es in gut sortierten Delikatessenläden, indischen Lebensmittelläden oder Reformhäusern.

Um glatte und schöne Macarons zu bekommen, ist es wichtig, dass Sie die gemahlenen Mandeln sorgfältig durch ein feinmaschiges Sieb sieben. Wiegen Sie sie auf einer Digitalwaage genau ab und achten Sie darauf, dass Sie die angegebene Menge gesiebte Mandeln haben.

So machen Sie Ihr eigenes Mandelmehl für Macarons

1. Die Mandeln abwiegen. Nehmen Sie am besten 40–50 g mehr als Sie am Ende brauchen werden, weil es immer Schwund gibt. Die Mandeln mit kochend heißem Wasser übergießen und ein paar Minuten stehen lassen. Das Wasser abgießen und die Mandeln schälen, indem man sie zusammendrückt, bis sich die Schale löst. Die Mandeln auf Küchenpapier legen und mindestens 2 Stunden trocknen lassen.
2. Die Mandeln in einer Mandelmühle mahlen und am besten noch etwas trocknen lassen.
3. Die Mandeln durch ein Sieb sieben und anschließend die benötigte Menge abwiegen.

Eiweiß

Viele Leute empfehlen, dass man die Eier bereits einen Tag vor dem Backen der Macarons trennen und sie über Nacht im Kühlschrank stehen lassen soll. Ich finde das unnötig; ich verwende das Eiweiß immer sofort, und es funktioniert gut.

Wenn man Eiweiß steif schlägt, ist es wichtig, eine trockene, saubere Schüssel zu benutzen. Am besten verwendet man eine Schüssel aus rostfreiem Stahl, weil man sie besser ganz sauber bekommt als eine Plastikschüssel.

Das Eiweiß mit einem elektrischen Rührgerät fluffig und steif schlagen. Wenn Sie ein Rezept mit normalem Baiser machen, brauchen Sie nicht so vorsichtig zu sein, wenn Sie anschließend das Mandelmehl einrühren. Wenn der Teig zu fluffig und dick ist, können die Macarons Risse bekommen.

Zucker

Macarons enthalten eigentlich etwas mehr Zucker, als ich gut finde, aber wenn man versucht, ihn zu reduzieren, werden die Kekse hässlich und rissig. Versuchen Sie stattdessen, die Süße mit einer etwas säuerlichen Füllung zu kompensieren.

Farbe

Für Macarons verwende ich meistens ganz normale flüssige Lebensmittelfarbe aus dem Supermarkt. Das funktioniert im Regelfall gut, aber wenn man kräftige Farben haben will, kann der Teig manchmal etwas zu flüssig werden, sodass die Kekse nicht so schön aufgehen, wie man es sich wünscht. In diesen Fällen empfehle ich stattdessen Pulverfarben (siehe Einkaufsadressen S. 92).

Welche Farben man auch verwendet, es ist wichtig, dass sie zum Backen gedacht sind. Manche Farben eignen sich ausschließlich für Marzipan und Fondant und verlieren im Ofen oft die Farbe, was blasse, hässliche Macarons zum Ergebnis hat.

Spritzen

Schneiden Sie ein Backpapier so zu, dass es perfekt zu Ihrem Blech passt; wölbt sich das Papier am Rand, werden die Kekse an der Wölbung eine ungleichmäßige Form haben. Den Teig in einen Spritzbeutel füllen. Ich verwende Einmal-Spritzbeutel, die man in den meisten Supermärkten kaufen kann, und ich verwende keine Tülle, sondern schneide nur eine ca. 1 cm große Öffnung in den Beutel. Anschließend die Macarons spritzen, etwas größer als ein 2-Euro-Stück und möglichst rund. Machen Sie sie 3–4 mm dick.

Backen

Es ist wichtig, die Kekse vor dem Backen mindestens 45 Minuten auf dem Blech ruhen zu lassen, sonst werden sie hässlich und reißen ein. Sie können sie bis zu 2 Stunden ruhen lassen; wenn Sie sie noch länger stehen lassen, gehen sie nicht richtig auf.

Ich backe die Macarons auf der untersten Schiene bei 125 °C, damit sie auf der Unterseite gut durchgebacken sind, aber oben möglichst wenig Farbe bekommen. In meinem Ofen dauert das ca. 20 Minuten, aber das variiert von Ofen zu Ofen. Testen Sie, ob sie fertig sind, indem sie einen Keks vom Blech zu heben versuchen. Wenn er sich nicht vom Papier löst, müssen die Kekse noch etwas gebacken werden.

Will man, dass es ein bisschen schneller geht, kann man die Heißluftfunktion des Ofens verwenden, aber ich bin trotzdem vorsichtig und backe nicht mehrere Bleche gleichzeitig.

Die Kekse ganz abkühlen lassen, wenn sie aus dem Ofen gekommen sind. Anschließend vom Papier lösen. Wenn sie sich schwer ablösen lassen, kann man das ganze Papier für eine Weile in den Gefrierschrank legen.

Füllung

Ich finde Macarons am schönsten, wenn sie eine dicke und gut sichtbare Schicht Füllung haben, aber um das zu erreichen, braucht man eine salbenartige, dicke Füllung wie z. B. Buttercreme. Ich bin kein großer Fan von Buttercreme, sondern mache stattdessen Schokoladenganache, entweder aus weißer Schokolade mit einer säuerlichen Zutat wie z. B. Himbeere, Maracuja oder Limette, oder aus dunkler Schokolade oder Vollmilchschokolade.
Man kann natürlich eine etwas flüssigere Füllung machen, aber dann muss man damit rechnen, dass sie vom Keks aufgesaugt wird und nicht mehr zu sehen ist.

Verwahrung

Damit die Macarons weich und saftig werden, ist es am besten, sie im Kühlschrank zu verwahren. Viele finden, dass sie am Tag nach dem Backen am leckersten sind. Man kann sie auch einige Tage bei Zimmertemperatur verwahren, aber dann werden sie oft etwas zu trocken und krümelig.

Macarons Schritt für Schritt

1. Die überbrühten Mandeln schälen und mindestens 2 Stunden trocknen lassen.

2. Die Mandeln in einer Mandelmühle mahlen und das Mehl am besten noch etwas trocknen lassen.

3. Das Mandelmehl durch ein feinmaschiges Sieb sieben. Das müssen Sie auch tun, wenn Sie fertiges Mandelmehl verwenden. Genau abwiegen und kontrollieren, ob Sie die Menge an Mehl haben, die im Rezept angegeben ist.

4. Den Puderzucker abwiegen und mit dem Mandelmehl vermischen.

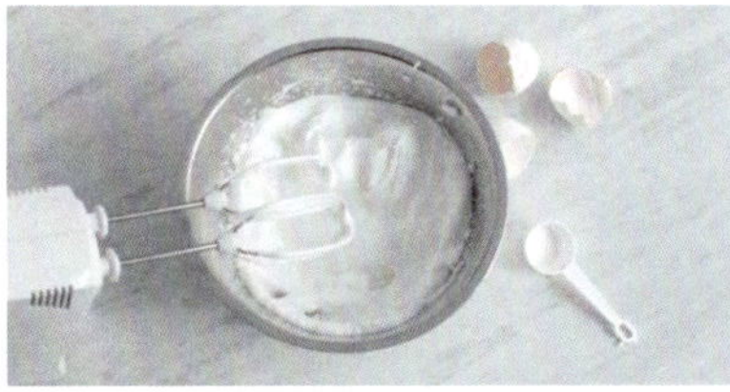

5. Das Eiweiß in einer sauberen, trockenen Schüssel, am besten aus rostfreiem Stahl, fluffig schlagen. Den Zucker hinzufügen und weiterschlagen, bis das Eiweiß zu einem festen Schaum geworden ist.

6. Die Mandel-Puderzucker-Mischung zusammen mit der Lebensmittelfarbe unter das Eiweiß heben.

7. Mischen, bis ein gleichmäßiger Teig entstanden ist. Wenn er sich sehr dick und fluffig anfühlt, können Sie noch etwas weitermischen, aber er sollte besser nicht zu flüssig sein.

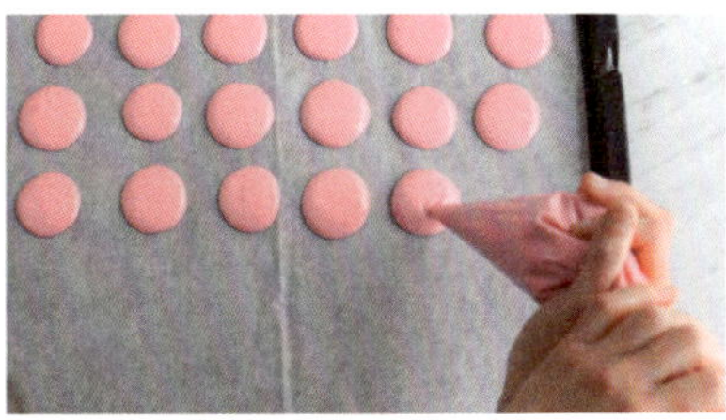

8. Auf zwei Bleche mit Backpapier Kreise spritzen, die etwas größer als ein 2-Euro-Stück sind. Spritzen Sie die Kekse möglichst rund, gleichmäßig und 3–4 mm dick. Die Kekse mindestens 45 Minuten auf dem Blech ruhen lassen. Dann trocknet die Oberfläche und die Kekse werden schöner.

9. Die Bleche nacheinander auf der untersten Schiene ca. 20 Minuten backen. Die Oberseite der Kekse sollte immer noch ziemlich blass sein, aber die Unterseite sollte sich vom Backpapier lösen, wenn Sie versuchen, sie anzuheben. Die Kekse abkühlen lassen.

10. Die Zutaten für die Füllung bei schwacher Hitze auf dem Herd schmelzen lassen. Zu einer glatten Creme verrühren und in einen Spritzbeutel füllen. Anschließend im Kühlschrank abkühlen und eindicken lassen.

11. Eine Schicht Füllung auf die Unterseite jedes Kekses spritzen und mit den restlichen Keksen zusammenlegen.

Maracuja-Macarons

ca. 25 Doppelkekse

Maracuja ist ein fantastischer Geschmacksträger für Kekse und Desserts – süß, säuerlich und geschmacksintensiv zugleich. Wenn Sie wollen, können Sie das Maracuja-Fruchtfleisch passieren, um ein ganz glattes Püree zu bekommen, aber die knusprigen Kerne können auch lecker sein.

Kekse
170 g Puderzucker
110 g gesiebtes Mandelmehl (siehe S. 9)
90 g Eiweiß (ca. 3 Eier)
2 EL Zucker
ein paar Tropfen gelbe Lebensmittelfarbe

Maracujacreme
125 g weiße Schokolade
50 g Maracuja-Fruchtfleisch (2–3 Früchte)
2 TL Honig
2 EL Schlagsahne
evtl. ein paar Tropfen gelbe Lebensmittelfarbe

1. *Kekse:* Den Puderzucker abwiegen. Mit dem Mandelmehl vermischen und sieben.
2. Das Eiweiß in einer sauberen, trockenen Schüssel fluffig schlagen. Den Zucker hinzufügen und weiterschlagen, bis das Eiweiß zu einem festen Schaum geworden ist.
3. Die Mandel-Puderzucker-Mischung zusammen mit der Lebensmittelfarbe unter das Eiweiß heben. Mischen, bis ein gleichmäßiger Teig entstanden ist.
4. Auf zwei Bleche mit Backpapier Kreise spritzen, die etwas größer als ein 2-Euro-Stück sind. Die Kekse mindestens 45 Minuten auf dem Blech ruhen lassen. Dann trocknet die Oberfläche und die Kekse werden schöner.
5. Den Ofen auf 125 °C vorheizen. Die Bleche nacheinander auf der untersten Schiene ca. 20 Minuten backen. Die Oberseite der Kekse sollte immer noch ziemlich blass sein, aber die Unterseite sollte sich vom Backpapier lösen, wenn Sie versuchen, sie anzuheben. Die Kekse abkühlen lassen.
6. *Maracujacreme:* Die Schokolade in kleinere Stücke brechen. Die Maracujas aushöhlen und das Fruchtfleisch abwiegen.
7. Alle Zutaten für die Maracujacreme mit Ausnahme der Farbe vorsichtig in einem kleinen Topf auf dem Herd erwärmen. Ab und zu umrühren und den Topf von der Platte ziehen, wenn die Schokolade geschmolzen ist und die Creme gleichmäßig und schön aussieht. Eventuell ein paar Tropfen gelbe Lebensmittelfarbe hinzufügen, wenn Sie die Creme farbiger haben wollen. Im Kühlschrank ca. 1 Stunde fest werden lassen. Die Creme soll so dick werden, dass sie sich gut spritzen lässt.
8. Die Maracujacreme auf die Böden der Hälfte der Kekse spritzen. Mit den restlichen Keksen zusammenlegen. Die Kekse kann man 4–5 Tage im Kühlschrank verwahren.

Limette-Minz-Macarons

ca. 25 Doppelkekse

Wie ein festlicher kleiner Mojito in Macaronform! Frisch, süßsäuerlich und trendy.

Kekse

170 g Puderzucker
110 g gesiebtes Mandelmehl (siehe S. 9)
90 g Eiweiß (ca. 3 Eier)
2 EL Zucker
ein paar Tropfen grüne Lebensmittelfarbe

Limette-Minz-Creme

125 g weiße Schokolade
ca. 10 Blätter frische Minze
fein geriebene Schale einer Limette
1 EL frisch gepresster Limettensaft
2 TL Honig
2 EL Schlagsahne

1. ***Kekse:*** Den Puderzucker abwiegen. Mit dem Mandelmehl vermischen und sieben.
2. Das Eiweiß in einer sauberen, trockenen Schüssel fluffig schlagen. Den Zucker hinzufügen und weiterschlagen, bis das Eiweiß zu einem festen Schaum geworden ist.
3. Die Mandel-Puderzucker-Mischung zusammen mit der Lebensmittelfarbe unter das Eiweiß heben. Mischen, bis ein gleichmäßiger Teig entstanden ist.
4. Auf zwei Bleche mit Backpapier Kreise spritzen, die etwas größer als ein 2-Euro-Stück sind. Die Kekse mindestens 45 Minuten auf dem Blech ruhen lassen. Dann trocknet die Oberfläche und die Kekse werden schöner.
5. Den Ofen auf 125 °C vorheizen. Die Bleche nacheinander auf der untersten Schiene ca. 20 Minuten backen. Die Oberseite der Kekse sollte immer noch ziemlich blass sein, aber die Unterseite sollte sich vom Backpapier lösen, wenn Sie versuchen, sie anzuheben. Die Kekse abkühlen lassen.
6. ***Limette-Minz-Creme:*** Die Schokolade in kleinere Stücke brechen. Die Minze fein hacken.
7. Alle Zutaten für die Creme vorsichtig in einem kleinen Topf auf dem Herd erwärmen. Ab und zu umrühren und den Topf von der Platte ziehen, wenn die Schokolade geschmolzen ist und die Creme gleichmäßig und schön aussieht. Im Kühlschrank ca. 1 Stunde fest werden lassen. Die Creme soll so dick werden, dass sie sich gut spritzen lässt.
8. Die Limette-Minz-Creme auf die Böden der Hälfte der Kekse spritzen. Mit den restlichen Keksen zusammenlegen. Sie können im Kühlschrank bis zu einer Woche verwahrt werden.

Himbeer-Macarons

ca. 25 Doppelkekse

Ich fülle meine Macarons meistens mit Schokoladenganache, aber eine feste Marmelade ist auch lecker. Essen Sie die Kekse am besten zu einer Tasse schwarzem Kaffee, denn sie sind einzigartig süß.

Kekse
170 g Puderzucker
110 g gesiebtes Mandelmehl (siehe S. 9)
90 g Eiweiß (ca. 3 Eier)
2 EL Zucker
ein paar Tropfen rote Lebensmittelfarbe

Himbeermarmelade
200 g frische oder aufgetaute Himbeeren
140 g Gelierzucker mit Pektin
50 g weißer Backsirup (als Vit Sirap im Schwedenshop)
2 EL frisch gepresster Zitronensaft

1. ***Kekse:*** Den Puderzucker abwiegen. Mit dem Mandelmehl vermischen und sieben.
2. Das Eiweiß in einer sauberen, trockenen Schüssel fluffig schlagen. Den Zucker hinzufügen und weiterschlagen, bis das Eiweiß steif geworden ist.
3. Die Mandel-Puderzucker-Mischung zusammen mit der Lebensmittelfarbe unter das Eiweiß heben. Mischen, bis ein gleichmäßiger Teig entstanden ist.
4. Auf zwei Bleche mit Backpapier Kreise spritzen, die etwas größer als ein 2-Euro-Stück sind. Die Kekse mindestens 45 Minuten auf dem Blech ruhen lassen.
5. Den Ofen auf 125 °C vorheizen. Die Bleche nacheinander auf der untersten Schiene ca. 20 Minuten backen. Die Oberseite der Kekse sollte immer noch ziemlich blass sein, aber die Unterseite sollte sich vom Backpapier lösen. Die Kekse abkühlen lassen.
6. ***Himbeermarmelade:*** Die Himbeeren mit einem Stabmixer pürieren und dann in einem ziemlich weiten Topf mit dickem Boden mit dem Gelierzucker, dem weißen Sirup und dem Zitronensaft mischen. Aufkochen lassen und bei mittlerer Hitze köcheln lassen, bis die Marmelade eindickt. Ab und zu rühren und mithilfe der Marmeladenprobe die Konsistenz prüfen.
7. Den Topf vom Herd nehmen und die Marmelade etwas abkühlen lassen. Anschließend in einem Spritzbeutel in den Kühlschrank legen, bis sie abgekühlt ist.
8. Himbeermarmelade auf die Böden der Hälfte der Kekse spritzen. Mit den restlichen Keksen zusammenlegen. Sie können im Kühlschrank bis zu einer Woche verwahrt werden.

Tipp

So geht die Marmeladenprobe

Wenn Sie meinen, dass die Marmelade fertig sein könnte, tropfen Sie etwas davon auf einen Teller, den sie im Gefrierschrank gekühlt haben. Eine Minute warten und dann prüfen, ob der Marmeladeklecks fest geworden ist. Wenn er immer noch zu flüssig ist, kochen Sie die Marmelade noch etwas länger und wiederholen Sie die Probe.

Schwarze-Johannisbeer-Macarons

ca. 25 Doppelkekse

Schwarze Johannisbeeren geben der Füllung eine fantastische Farbe und eine wunderbare Säuerlichkeit. Heutzutage gibt es in gut sortierten Supermärkten das ganze Jahr über gefrorene Schwarze Johannisbeeren.

Kekse
170 g Puderzucker
110 g gesiebtes Mandelmehl (siehe S. 9)
90 g Eiweiß (ca. 3 Eier)
2 EL Zucker
ein paar Tropfen blaue und rote Lebensmittelfarbe

Schwarze-Johannisbeer-Creme
100 g Schwarze Johannisbeeren
125 g weiße Schokolade
2 TL Honig
2 EL Schlagsahne

1. ***Kekse:*** Den Puderzucker abwiegen. Mit dem Mandelmehl vermischen und sieben.
2. Das Eiweiß in einer sauberen, trockenen Schüssel fluffig schlagen. Den Zucker hinzufügen und weiterschlagen, bis das Eiweiß zu einem festen Schaum geworden ist.
3. Die Mandel-Puderzucker-Mischung zusammen mit der Lebensmittelfarbe unter das Eiweiß heben. Mischen, bis ein gleichmäßiger Teig entstanden ist.
4. Auf zwei Bleche mit Backpapier Kreise spritzen, die etwas größer als ein 2-Euro-Stück sind. Die Kekse mindestens 45 Minuten auf dem Blech ruhen lassen. Dann trocknet die Oberfläche und die Kekse werden schöner.
5. Den Ofen auf 125 °C vorheizen. Die Bleche nacheinander auf der untersten Schiene ca. 20 Minuten backen. Die Oberseite der Kekse sollte immer noch ziemlich blass sein, aber die Unterseite sollte sich vom Backpapier lösen, wenn Sie versuchen, sie anzuheben. Die Kekse abkühlen lassen.
6. ***Schwarze-Johannisbeer-Creme:*** Die Johannisbeeren fein mixen und durch ein Sieb passieren, um Schalen und Kerne zu entfernen. Abwiegen, sodass Sie 50 g Püree haben.
7. Die Schokolade in kleinere Stücke brechen.
8. Alle Zutaten für die Creme vorsichtig in einem kleinen Topf auf dem Herd erwärmen. Ab und zu umrühren und den Topf von der Platte ziehen, wenn die Schokolade geschmolzen ist und die Creme gleichmäßig und schön aussieht. Im Kühlschrank ca. 1 Stunde fest werden lassen. Die Creme soll so dick werden, dass sie sich gut spritzen lässt.
9. Schwarze-Johannisbeer-Creme auf die Böden der Hälfte der Kekse spritzen. Mit den restlichen Keksen zusammenlegen. Sie können im Kühlschrank bis zu einer Woche verwahrt werden.

Haselnuss-Macarons mit Birnen-Cognac-Ganache

ca. 25 Doppelkekse

Mit einer dunklen Schokoladenganache-Füllung werden diese Kekse sehr lecker und nicht ganz so süß wie Macarons oft zu sein pflegen. Anstelle von Birnencognac können Sie auch Rum, Whiskey, Baileys oder anderen Schnaps verwenden, den Sie gerade zur Hand haben.

Kekse

110 g geschälte Haselnüsse
170 g Puderzucker
90 g Eiweiß (ca. 3 Eier)
2 EL Zucker

Birnencognac-Ganache

125 g dunkle Schokolade
100 ml Schlagsahne
1 TL Honig
1 Klecks zimmerwarme Butter
1 ½ EL Xanté (Birnencognac) oder anderer Cognac oder Likör

1. ***Kekse:*** Die Haselnüsse in einer Mandelmühle mahlen. Am besten etwas mehr mahlen. Sieben und darauf achten, dass Sie immer noch 110 g haben.
2. Den Puderzucker abwiegen, mit den gemahlenen Haselnüssen vermischen und noch einmal sieben.
3. Das Eiweiß in einer sauberen, trockenen Schüssel fluffig schlagen. Den Zucker hinzufügen und weiterschlagen, bis das Eiweiß steif geworden ist.
4. Die Nuss-Puderzucker-Mischung zusammen mit der Lebensmittelfarbe unter das Eiweiß heben. Mischen, bis ein gleichmäßiger Teig entstanden ist. Wenn sich der Teig sehr fluffig und dick anfühlt, können Sie noch ein wenig mehr rühren.
5. Auf zwei Bleche mit Backpapier Kreise spritzen, die etwas größer als ein 2-Euro-Stück sind. Die Kekse mindestens 45 Minuten auf dem Blech ruhen lassen.
6. Den Ofen auf 125 °C vorheizen. Die Bleche nacheinander auf der untersten Schiene ca. 20 Minuten backen. Die Oberseite der Kekse sollte immer noch ziemlich blass sein, aber die Unterseite sollte sich vom Backpapier lösen. Die Kekse abkühlen lassen.
7. ***Birnencognac-Ganache:*** Die Schokolade ziemlich fein hacken.
8. Die Schlagsahne mit dem Honig aufkochen, den Topf von der Platte nehmen und rasch die Schokolade hinzufügen. Rühren, bis die Schokolade geschmolzen ist, und dann die Butter hinzufügen. Zu einer gleichmäßigen, glatten Masse rühren und den Xanté hinzufügen. Die Ganache abkühlen lassen, am besten 2–3 Stunden bei Zimmertemperatur, aber Sie können sie auch für ca. 15 Minuten in den Kühlschrank stellen.
9. Schokoladenganache auf die Böden der Hälfte der Kekse spritzen. Mit den restlichen Keksen zusammenlegen. Sie können bei Zimmertemperatur bis zu einem Tag oder im Kühlschrank bis zu einer Woche verwahrt werden.

Tipp

Geschälte, leicht geröstete Haselnüsse gibt es in vielen Supermärkten, aber falls Sie keine finden, geht es auch mit normalen Haselnüssen, die Sie selbst leicht anrösten und schälen.

Schokoladen-Macarons mit Kaffeeganache

ca. 25 Doppelkekse

Wenn Sie die Kunst des Macaron-Backens beherrschen, ist es Zeit, sie mit Streuseln und Schokolade als Dekor noch hübscher zu machen.

Kekse
170 g Puderzucker
110 g gesiebtes Mandelmehl (siehe S. 9)
2 EL Kakao
90 g Eiweiß (ca. 3 Eier)
2 EL Zucker

Kaffeeganache
150 g dunkle Schokolade
150 ml Schlagsahne
1 TL Honig
2 EL lösliches Kaffeepulver
25 g zimmerwarme Butter

Dekor
100 g weiße Schokolade
Streusel und in Schokolade getauchte Kaffeebohnen

1. ***Kekse:*** Den Puderzucker abwiegen. Mit dem Mandelmehl und dem Kakao vermischen und durch ein feinmaschiges Sieb sieben.
2. Das Eiweiß in einer sauberen, trockenen Schüssel fluffig schlagen. Den Zucker hinzufügen und weiterschlagen, bis das Eiweiß zu einem festen Schaum geworden ist.
3. Die Mandel-Puderzucker-Mischung unter das Eiweiß heben und mischen.
4. Auf zwei Bleche mit Backpapier Kreise spritzen, die etwas größer als ein 2-Euro-Stück sind. Die Kekse mindestens 45 Minuten auf dem Blech ruhen lassen.
5. Den Ofen auf 125 °C vorheizen. Die Bleche nacheinander auf der untersten Schiene ca. 20 Minuten backen, bis die Kekse sich fast vom Backpapier lösen. Die Kekse abkühlen lassen.
6. ***Kaffeeganache:*** Die Schokolade ziemlich fein hacken.
7. Die Schlagsahne zusammen mit dem Honig aufkochen, den Topf von der Platte nehmen und rasch mit einem Schneebesen das Kaffeepulver und dann die Schokolade einrühren. Zu einer gleichmäßigen, glatten Masse rühren und dann die Butter hinzufügen. Bei Zimmertemperatur 2–3 Stunden abkühlen und fest werden lassen, aber wenn Sie ungeduldig sind, können Sie die Ganache auch für ca. 15 Minuten in den Kühlschrank stellen.
8. Die Kaffeeganache auf die Böden der Hälfte der Kekse spritzen. Mit den restlichen Keksen zusammenlegen.
9. Die weiße Schokolade vorsichtig schmelzen. Die Kekse mit Schokolade, Streuseln und in Schokolade getauchten Kaffeebohnen dekorieren. Auf ein mit Butterbrotpapier belegtes Brett legen und im Kühlschrank erstarren lassen. Sie können im Kühlschrank bis zu einer Woche verwahrt werden.

Tipp

So geht die Kugelprobe

Für die Kugelprobe tropfen Sie ein wenig von der Masse in ein Glas mit eiskaltem Wasser. Warten Sie ein paar Sekunden und versuchen Sie dann, ob Sie die Masse zu einer weichen Kugel formen können. Das simuliert, welche Konsistenz das Toffee haben wird, wenn es abgekühlt ist. Ist das Toffee immer noch flüssig, kochen Sie es einfach noch etwas länger.

Schokoladen-Macarons mit Salztoffee

ca. 25 Doppelkekse

Etwas Salz in süßen Keksen ist oft die kleine geheime Zutat, die sie so himmlisch lecker macht. Bereiten Sie das Toffee am besten schon am Vortag vor.

Kekse
170 g Puderzucker
110 g gesiebtes Mandelmehl (siehe S. 9)
2 EL Kakao
90 g Eiweiß (ca. 3 Eier)
2 EL Zucker

Salztoffee
64 g Zucker
50 ml weißer Backsirup (als Vit Sirap im Schwedenshop erhältlich)
50 ml Wasser
75 ml Schlagsahne
75 g Butter
ca. 1 TL Salzflocken

1. ***Kekse:*** Den Puderzucker abwiegen. Mit dem Mandelmehl und dem Kakao mischen und sieben.
2. Das Eiweiß in einer sauberen, trockenen Schüssel fluffig schlagen. Den Zucker hinzufügen und weiterschlagen, bis das Eiweiß zu einem festen Schaum geworden ist.
3. Die Mandel-Puderzucker-Mischung unter das Eiweiß heben. Mischen, bis ein gleichmäßiger Teig entstanden ist.
4. Auf zwei Bleche mit Backpapier Kreise spritzen, die etwas größer als ein 2-Euro-Stück sind. Die Kekse mindestens 45 Minuten auf dem Blech ruhen lassen. Dann trocknet die Oberfläche und die Kekse werden schöner.
5. Den Ofen auf 125 °C vorheizen. Die Bleche nacheinander auf der untersten Schiene ca. 20 Minuten backen. Die Oberseite der Kekse sollte immer noch ziemlich blass sein, aber die Unterseite sollte sich vom Backpapier lösen, wenn Sie versuchen, sie anzuheben. Die Kekse abkühlen lassen.
6. ***Salztoffee:*** Den Zucker, den Sirup und das Wasser in einem ziemlich weiten Topf mit dickem Boden vermischen. Aufkochen und dann köcheln lassen, ohne zu rühren, bis das Zuckerwasser goldbraun wird.
7. Die Schlagsahne einrühren (es spritzt und zischt ein bisschen, aber genauso muss es ein), dann die Butter hinzufügen. Ein paar Minuten vorsichtig köcheln lassen, bis das Toffee etwas eindickt. Die Konsistenz mithilfe einer Kugelprobe kontrollieren; das Toffee soll weich, aber nicht zu flüssig sein.
8. Den Topf vom Herd nehmen und die Salzflocken einrühren. Das Toffee ganz abkühlen lassen, am besten über Nacht bei Zimmertemperatur, aber wenn Sie es eilig haben, können Sie es auch in den Kühlschrank stellen. Das Toffee während des Abkühlens nicht rühren.
9. Das Salztoffee auf die Böden der Hälfte der Kekse spritzen. Eventuell mit noch ein paar Salzflocken bestreuen. Mit den restlichen Keksen zusammenlegen. Sie können im Kühlschrank bis zu einer Woche verwahrt werden.

Kardamom-Macarons mit Milchschokoladenganache

ca. 25 Doppelkekse

Mein absoluter Lieblingsmacaron dieses Buches! Von Kardamom kann ich nicht genug kriegen – in Hefegebäck, Kaffee und hier sogar in Macaronform.

Kekse
170 g Puderzucker
110 g gesiebtes Mandelmehl (siehe S. 9)
90 g Eiweiß (ca. 3 Eier)
2 EL Zucker
1 TL frisch zerstoßene Kardamomsamen

Milchschokoladenganache
150 g Vollmilchschokolade
75 ml Schlagsahne
1 TL Honig
½ TL gemahlener Zimt
1 EL zimmerwarme Butter

Dekor
50 g dunkle Schokolade

1. ***Kekse:*** Den Puderzucker abwiegen. Mit dem Mandelmehl vermischen und sieben.
2. Das Eiweiß in einer sauberen, trockenen Schüssel fluffig schlagen. Den Zucker hinzufügen und weiterschlagen, bis das Eiweiß zu einem festen Schaum geworden ist.
3. Die Mandel-Puderzucker-Mischung zusammen mit dem Kardamom unter das Eiweiß heben. Mischen, bis ein gleichmäßiger Teig entstanden ist.
4. Auf zwei Bleche mit Backpapier Kreise spritzen, die etwas größer als ein 2-Euro-Stück sind. Die Kekse mindestens 45 Minuten auf dem Blech ruhen lassen. Dann trocknet die Oberfläche und die Kekse werden schöner.
5. Den Ofen auf 125 °C vorheizen. Die Bleche nacheinander auf der untersten Schiene ca. 20 Minuten backen. Die Oberseite der Kekse sollte immer noch ziemlich blass sein, aber die Unterseite sollte sich vom Backpapier lösen, wenn Sie versuchen, sie anzuheben. Die Kekse abkühlen lassen.
6. ***Milchschokoladenganache:*** Die Schokolade fein hacken.
7. Die Sahne mit dem Honig und dem Zimt aufkochen. Den Topf von der Platte nehmen und rasch die Schokolade hinzufügen. Rühren, bis die Schokolade geschmolzen ist, und dann die Butter hinzufügen. Die Ganache bei Zimmertemperatur ca. 3 Stunden abkühlen und eindicken lassen oder für eine Weile in den Kühlschrank stellen.
8. Die Milchschokoladenganache auf die Böden der Hälfte der Kekse spritzen. Mit den restlichen Keksen zusammenlegen.
9. Die Schokolade für das Dekor vorsichtig schmelzen und über die Kekse spritzen oder träufeln, im Kühlschrank fest werden lassen. Die Kekse können im Kühlschrank bis zu einer Woche verwahrt werden.

Lakritz-Macarons

ca. 25 Doppelkekse

Ich kenne viele, die beinahe süchtig nach Lakritzmacarons sind, und dieses Laster wird auf die Dauer ziemlich teuer. Für die Ökonomie des Haushalts ist es daher vorteilhaft, selbst welche backen zu lernen. Wenn sie richtig schwarz werden sollen, funktioniert meiner Meinung nach Pulverfarbe am besten.

Kekse

170 g Puderzucker
110 g gesiebtes Mandelmehl (siehe S. 9)
90 g Eiweiß (ca. 3 Eier)
2 EL Zucker
ein knapper TL schwarze Lebensmittelfarbe in Pulverform

Lakritzganache

150 g dunkle Schokolade
150 ml Schlagsahne
1 TL Honig
1 ½ EL Lakritzpulver oder 5–10 zerstoßene Türkisch Pfeffer (eine Sorte Lakritzbonbons)
25 g zimmerwarme Butter

1. ***Kekse:*** Den Puderzucker abwiegen. Mit dem Mandelmehl vermischen und sieben.
2. Das Eiweiß in einer sauberen, trockenen Schüssel fluffig schlagen. Den Zucker hinzufügen und weiterschlagen, bis das Eiweiß zu einem festen Schaum geworden ist.
3. Die Mandel-Puderzucker-Mischung zusammen mit der schwarzen Pulverfarbe unter das Eiweiß heben. Mischen, bis ein gleichmäßiger Teig entstanden ist.
4. Auf zwei Bleche mit Backpapier Kreise spritzen, die etwas größer als ein 2-Euro-Stück sind. Die Kekse mindestens 45 Minuten auf dem Blech ruhen lassen. Dann trocknet die Oberfläche und die Kekse werden schöner.
5. Den Ofen auf 125 °C vorheizen. Die Bleche nacheinander auf der untersten Schiene ca. 20 Minuten backen. Die Oberseite der Kekse sollte immer noch ziemlich blass sein, aber die Unterseite sollte sich vom Backpapier lösen, wenn Sie versuchen, sie anzuheben. Die Kekse abkühlen lassen.
6. ***Lakritzganache:*** Die Schokolade ziemlich fein hacken.
7. Die Sahne mit dem Honig und dem Lakritzpulver aufkochen, den Topf vom Herd nehmen und die gehackte Schokolade rasch in die heiße Sahne einrühren. Rühren, bis alle Schokolade geschmolzen ist. Die Butter hinzufügen und alles zu einer glatten Masse rühren. Am besten bei Zimmertemperatur bis zum nächsten Tag stehen lassen. Wenn Sie es eilig haben, in den Kühlschrank stellen, aber gut aufpassen, dass die Masse nicht zu kalt und hart wird.
8. Lakritzganache auf die Böden der Hälfte der Kekse spritzen. Mit den restlichen Keksen zusammenlegen. Sie können im Kühlschrank bis zu einer Woche verwahrt werden.

Macaron-Lollies mit Erdbeercreme

ca. 20 Stück

Herzförmige Macarons sind perfekte kleine Geschenke für den Liebsten oder tolle Tischkarten für Hochzeitsgäste. Um extra viel Erdbeergeschmack zu bekommen, reduziere ich die Erdbeeren ein, koche sie also eine Weile, damit ein Teil der Flüssigkeit verdunstet. Wollen Sie die Lollies besonders hübsch, können Sie sie mit essbarem Perlmuttspray besprühen, den es in Internetshops für Backzutaten zu kaufen gibt.

Kekse

170 g Puderzucker
110 g gesiebtes Mandelmehl (siehe S. 9)
90 g Eiweiß (ca. 3 Eier)
2 EL Zucker
ein paar Tropfen rote Lebensmittelfarbe

Erdbeercreme

100 g Erdbeeren, frisch oder aufgetaut
125 g weiße Schokolade
fein geriebene Schale einer Zitrone
2 TL Honig
2 EL Sahne

25 g weiße Schokolade, um die Lutscherstiele zu befestigen
Lutscherstiele
evtl. essbares Perlmuttspray

1. ***Kekse:*** Punkt 1–5 für die Maracuja-Macarons auf S. 13 folgen, aber gelbe durch rote Farbe ersetzen und die Kekse in Herzform spritzen.
2. ***Erdbeercreme:*** Die Erdbeeren fein pürieren. In einem kleinen Topf aufkochen und 5–10 Minuten köcheln lassen, bis ca. die Hälfte der Flüssigkeit verdunstet ist. Wiegen und kontrollieren: Sie brauchen 50 g reduziertes Erdbeerpüree.
3. Die Schokolade in kleinere Stücke brechen.
4. Alle Zutaten für die Erdbeercreme in einem kleinen Topf auf dem Herd vorsichtig erwärmen. Ab und zu rühren und den Topf vom Herd nehmen, wenn die Schokolade geschmolzen ist und die Creme glatt und schön aussieht. Im Kühlschrank ca. 1 Stunde fest werden lassen; die Creme sollte die richtige Konsistenz zum Spritzen haben.
5. Die Erdbeercreme auf die Böden der Hälfte der Kekse spritzen.
6. Das eine Ende eines Lutscherstiels in etwas geschmolzene weiße Schokolade tauchen. Auf die Füllung legen und die andere Hälfte des Kekses darauflegen. Im Kühlschrank fest werden lassen.
7. Die Lollies evtl. mit essbarer Sprühfarbe besprühen. Die Macaron-Lollies können im Kühlschrank bis zu einer Woche verwahrt werden.

Ispahan

ca. 25 Doppelkekse

Ein seltsamer Name für einen Keks, denken Sie vielleicht? Der Name stammt von einer Rose, die ihren Ursprung in Mittleren Osten hat und wiederum nach der iranischen Stadt Isfahan benannt ist. Der Keks wird mit Rosenwasser aromatisiert und mit einem Rosenblatt dekoriert, und mit diesem Wissen erscheint der Name logischer. Das ursprüngliche Gebäck wurde von dem meisterhaften französischen Konditor Pierre Hermé geschaffen, aber meine Variante ist ein wenig vereinfacht.

Kekse
170 g Puderzucker
110 g gesiebtes Mandelmehl (siehe S. 9)
90 g Eiweiß (ca. 3 Eier)
2 EL Zucker
ein paar Tropfen rote Lebensmittelfarbe

Lychee-Rosen-Creme
50 g Lycheefruchtfleisch (ca. 6 Lychees)
125 g weiße Schokolade
2 TL Honig
2 EL Schlagsahne
knapp ½ TL Rosenwasser

ca. 300 g frische Himbeeren
Rosenblätter als Dekor

1. ***Kekse:*** Den Puderzucker abwiegen. Mit dem Mandelmehl vermischen und sieben.
2. Das Eiweiß in einer sauberen, trockenen Schüssel fluffig schlagen. Den Zucker hinzufügen und weiterschlagen, bis das Eiweiß zu einem festen Schaum geworden ist.
3. Die Mandel-Puderzucker-Mischung zusammen mit der Lebensmittelfarbe unter das Eiweiß heben. Mischen, bis ein gleichmäßiger Teig entstanden ist.
4. Auf zwei Bleche mit Backpapier Kreise spritzen, die etwas größer als ein 2-Euro-Stück sind. Die Kekse mindestens 45 Minuten auf dem Blech ruhen lassen.
5. Den Ofen auf 125 °C vorheizen. Die Bleche nacheinander auf der untersten Schiene ca. 20 Minuten backen. Die Oberseite der Kekse sollte immer noch ziemlich blass sein, aber die Unterseite sollte sich vom Backpapier lösen, wenn Sie versuchen, sie anzuheben. Die Kekse abkühlen lassen.
6. ***Lychee-Rosen-Creme:*** Die Lychees schälen und die Kerne entfernen. Das Fruchtfleisch wiegen und mit einem Stabmixer fein mixen.
7. Die Schokolade in kleinere Stücke brechen.
8. Alle Zutaten für die Creme außer dem Rosenwasser in einem kleinen Topf vorsichtig erwärmen. Ab und zu umrühren und den Topf vom Herd nehmen, wenn die Schokolade geschmolzen ist und die Creme glatt und schön aussieht. Mit Rosenwasser abschmecken und evtl. noch mehr hinzufügen. Im Kühlschrank ca. 1 Stunde fest werden lassen; die Creme sollte die richtige Konsistenz zum Spritzen haben.
9. Die Creme auf die Böden der Hälfte der Kekse spritzen. Mit frischen Himbeeren dekorieren und mit den restlichen Keksen zusammenlegen. Sie können im Kühlschrank 1–2 Tage verwahrt werden. Kurz vor dem Servieren mit einem Rosenblatt dekorieren.

Schokoladenganache

Schokoladenganache ist lecker, hübsch und für so vieles verwendbar! In ihrer einfachsten Form ist sie nichts anderes als Schokolade, die mit Sahne geschmolzen wurde und danach zu einer weichen Creme erstarrt ist. Schokoladenganache kann mit Gewürzen, Früchten, Beeren, Schnaps und Kaffee aromatisiert und als Füllung für Pralinen, Macarons und Torten, als Glasur, Topping und Dekor für Cupcakes oder als Basis für heiße Schokolade verwendet werden.

Schokoladenganache kann aus dunkler, weißer oder Vollmilchschokolade gemacht werden. Die Konsistenz wird mit weißer Schokolade und Vollmilchschokolade etwas flüssiger als mit dunkler Schokolade, aber das kann man ausgleichen, indem man die Menge an Sahne reduziert oder die Menge an Schokolade erhöht.

Wenn man Pech hat, kann die Ganachemasse ausflocken. Das heißt, dass das Fett sich absetzt und die Konsistenz etwas körnig und unschön wird. Meistens ist es schwer, Ganache zu retten, die ausgeflockt ist, aber man kann versuchen, sie mit dem Stabmixer zu mixen. Meine Ganacherezepte beinhalten oft ein bisschen Honig, was daran liegt, dass der Honig das Risiko des Ausflockens verhindert und gleichzeitig die Konsistenz verbessert. Es gibt viele Gründe dafür, dass Ganache ausflockt, es kann daran liegen, dass sie zu fett, zu wenig fett oder zu kalt ist oder dass man zu säuerliche Zutaten hinzugefügt hat. Achten Sie darauf, dass die Schlagsahne richtig heiß ist, wenn Sie die Ganache zusammenmischen, und dass Sie nicht zu stark rühren, sondern alles eher vorsichtig vermischen oder einen Stabmixer benutzen.

Ich mache meistens Ganache aus Schokolade mit einem Kakaogehalt von ca. 55 Prozent, damit die anderen Zutaten besser herausschmecken. Nimmt man dunklere Schokolade, dominiert der Kakaogeschmack leicht über allem anderen. Aber das ist Geschmackssache, verwenden Sie die Schokolade, die Sie am liebsten mögen.

Die allerbeste Konsistenz bekommt Ganache, wenn man sie über Nacht bei Zimmertemperatur stehen lässt, aber wenn Sie es eilig haben, können Sie sie auch für ein paar Stunden zum Festwerden in den Kühlschrank stellen.

Orangenganache-Biskuits

ca. 30 kleine Biskuits

Schokolade mit Orangenaroma ist normalerweise eine Sache, die man entweder liebt oder hasst, aber es fällt mir schwer zu glauben, dass jemand zu so einem kleinen herzförmigen Orangenganache-Biskuit Nein sagen kann.

Böden
275 g Marzipanrohmasse
1 Eiweiß

Ganachefüllung
200 g dunkle Schokolade
100 ml Schlagsahne
25 g Butter
1 EL frisch gepresster Orangensaft
fein geriebene Schale einer Orange

Glasur
250 g dunkle Schokolade

1. ***Böden:*** Die Marzipanrohmasse grob reiben und das Eiweiß nach und nach einrühren. Zu einem gleichmäßigen, relativ dicken Teig vermischen.
2. Einen Einmalspritzbeutel mit der Masse füllen, ein Loch hineinschneiden und in gleichmäßigen Abständen herzförmige kleine Böden auf zwei Bleche mit Backpapier spritzen.
3. Auf der mittleren Schiene bei 175 °C 8–10 Minuten backen, bis die Böden etwas Farbe bekommen haben. Abkühlen lassen.
4. ***Ganachefüllung:*** Die Schokolade ziemlich fein hacken.
5. Sahne, Butter, Orangensaft und geriebene Orangenschale in einen kleinen Topf geben und aufkochen lassen. Dem Topf von der Platte nehmen, die gehackte Schokolade hinzufügen und rühren, bis sie geschmolzen ist. Zu einer gleichmäßigen, glatten Ganache vermischen. Abkühlen lassen und dann zum Festwerden kurz in den Kühlschrank stellen.
6. Die Biskuitböden von den Blechen lösen und mit der glatten Seite nach oben auf ein Brett legen.
7. Die Ganachefüllung in einen Spritzbeutel füllen und herzförmiges Ganachetopping auf jeden Boden spritzen. Die Biskuits im Kühlschrank 20–30 Minuten fest werden lassen.
8. ***Glasur:*** Die Schokolade in kleinere Stücke brechen. Vorsichtig in der Mikrowelle oder im Wasserbad schmelzen und die Oberseite der Biskuits hineintauchen. Im Kühlschrank erstarren lassen. Die Biskuits können 1–2 Wochen im Kühlschrank verwahrt werden, sie lassen sich aber auch gut einfrieren.

Tipp

Holen Sie die Ganacheschnitten am besten mindestens 20 Minuten vor dem Servieren aus dem Kühlschrank, dann wird die Konsistenz besser und der Himbeergeschmack kommt besser zur Geltung.

Himbeerganache-Schnitten

ca. 35 kleine Schnitten

Wenn ich in für alle Zukunft nur eine Sorte Beeren in meinen Kuchen verwenden dürfte, würde ich Himbeeren wählen – süß, säuerlich, intensiv und wunderbar! Besonders zusammen mit dunkler Schokolade. Der Schokoladendekor ist die Kür; wenn Sie keine Lust haben, ihn zu machen, werden die Schnitten auch ohne schön.

Boden

130 g Zucker
90 g Weizenmehl
1 TL Backpulver
knapp ¼ TL Salz
100 g kalte Butter
2 kleine Eigelb

Himbeerganache

400 g dunkle Schokolade
150 ml Himbeerpüree (ca. 250 g frische oder aufgetaute Himbeeren, durch ein Sieb passiert)
250 ml Schlagsahne
2 EL Honig
75 g Butter
2 EL Himbeerlikör

Dekor

100 g dunkle Schokolade
ca. 150 g frische Himbeeren

1. ***Boden:*** Eine ofenfeste Form, ca. 22 x 30 cm groß, mit Backpapier auskleiden.
2. Die trockenen Zutaten in einer Küchenmaschine mischen. Die Butter hinzufügen und alles vermischen.
3. Die Eigelbe hinzufügen und alles vermischen.
4. Den Teig in einer gleichmäßigen Schicht in die Form drücken und auf der mittleren Schiene bei 200 °C ca. 10 Minuten goldbraun backen. Abkühlen lassen.
5. ***Himbeerganache:*** Die Schokolade ziemlich fein hacken und in eine Schüssel geben.
6. Die Himbeeren passieren und 150 ml abmessen.
7. Himbeerpüree, Schlagsahne, Honig und Butter in einem kleinen Topf aufkochen lassen. Die heiße Mischung über die Schokolade gießen und dann die Ganache mit einem Pürierstab oder in einer Küchenmaschine glatt mixen. Den Himbeerlikör untermischen und die Ganache in die Form gießen. Im Kühlschrank mindestens 3–4 Stunden fest werden lassen.
8. Den Teig mit der Ganache aus der Form lösen und in Stücke schneiden. Das geht am besten, wenn man das Messer vor jedem Schnitt mit heißem Wasser abspült und abtrocknet. Die Ganacheschnitten können bis zu einer Woche im Kühlschrank verwahrt werden.
9. ***Dekor:*** Eine Overheadfolie oder einen ähnlichen Plastikbogen in ca. 10 x 10 cm große Stücke schneiden.
10. Die Schokolade vorsichtig schmelzen und diagonal auf die Plastikfolie träufeln oder spritzen. Die Folienstücke zusammenrollen und in dünne, hohe Gläser stellen. Die Enden mit einer Büroklammer zusammenhalten und für 20–30 Minuten in den Kühlschrank stellen. Anschließend die Schokolade ablösen.
11. Die Himbeerganacheschnitten mit einer frischen Himbeere und dem Schokoladendekor dekorieren.

Krokantschnitten mit Rumganache

ca. 25 Stück

Knusprig und cremig mit Mandeln und Schokolade. Das Krokant wird schnell fest, also versuchen Sie, zügig zu arbeiten, wenn er ausgerollt und geschnitten werden soll. Und passen Sie auf Ihre Finger auf, es ist sehr heiß!

Rumganache
125 g dunkle Schokolade
100 ml Schlagsahne
1 TL Honig
25 g zimmerwarme Butter
1 ½ EL Rum

Mandelkrokant
340 g Zucker
1 EL Butter
knapp ½ TL Salz
100 g gehobelte Mandeln

Zuckerperlen als Dekor

1. ***Rumganache:*** Die Schokolade hacken.
2. Die Schlagsahne zusammen mit dem Honig aufkochen, den Topf von der Platte nehmen und die gehackte Schokolade rasch unterrühren. Rühren, bis die Schokolade geschmolzen ist, und die Butter in kleineren Stücken hinzufügen. Zu einer gleichmäßigen, glatten Masse rühren und den Rum hinzufügen. Die Ganache bei Zimmertemperatur mindestens 2 Stunden abkühlen und fest werden lassen oder kurz in den Kühlschrank stellen, falls Sie ungeduldig sind.
3. ***Mandelkrokant:*** Zur Vorbereitung zwei Bögen Backpapier und eine Teigrolle bereitlegen.
4. Den Zucker in einen weiten Topf mit dicken Boden geben. Bei ziemlich hoher Temperatur auf dem Herd schmelzen lassen. Nicht rühren, aber stochern Sie gerne ein bisschen darin herum, wenn Sie wollen. Die Hitze reduzieren, wenn der Zucker beginnt, etwas Farbe zu bekommen, und weitererhitzen, bis die Masse goldbraun geworden ist. Butter und Salz einrühren.
5. Den Topf von der Platte nehmen und rasch die Mandelspäne hinzufügen. Den Krokant auf das eine Backpapier gießen und mit dem anderen Papier bedecken. Zu einem dünnen, großen Fladen walzen. Das obere Papier abziehen und den Krokant schnell in kleine, längliche Vierecke schneiden. Abkühlen lassen.
6. Mit einer stern- oder muschelförmigen Tülle Rumganache auf die Hälfte der Krokantstücke spritzen. Mit der anderen Hälfte belegen und eine weitere Schicht Rumganache aufspritzen. Mit Zuckerperlen dekorieren. Die Schnitten können bei Zimmertemperatur bis zu zwei Tagen oder in einer dicht schließenden Dose bis zu einer Woche aufbewahrt werden.

Das Spritzen

Spritzen ist eine Technik, die ein wenig Übung erfordert. Nehmen Sie unterschiedliches Werkzeug, je nachdem, was Sie spritzen. Sehen Sie sich am besten YouTube-Videos an, um ein paar Tipps zu bekommen, wie Sie vorgehen sollten.

- Um Dekor und kleine Details mit geschmolzener Schokolade oder Zuckerguss zu spritzen, falte ich einen kleinen Spritzbeutel aus Butterbrot- oder Backpapier.

- Für Zuckerguss und Ganachedekor verwende ich einen Einmalspritzbeutel mit kleinen Dekortüllen. Das Resultat sehen Sie z. B. auf S. 41.

- Für Macarons verwende ich einen Einmalspritzbeutel ohne Tülle.

- Um Sahne oder Topping auf Cupcakes zu spritzen, verwende ich einen Einmalspritzbeutel mit Tülle, gerne eine geschlossene Sterntülle.

Cupcakes

Ich verwende die Ausdrücke Muffins und Cupcakes ziemlich nach Gutdünken. Es gibt verschiedene Meinungen darüber, was das eine oder das andere ist, aber ich nenne sie einfach Cupcakes, wenn es sich um Muffins mit viel Glasur und Dekor handelt. Meistens ist der Kuchen selbst etwas kleiner und flacher als ein Riesenmuffin.

Inzwischen gibt es Muffinformen in allen möglichen Farben und Mustern. Aber nicht alle behalten im Ofen ihre Form und Farbe, manche werden hässlich und manche verbrannt. Man sollte deshalb gute Formen finden (siehe Einkaufsadressen S. 93).

Um hohe Cupcakes zu bekommen, ist es ratsam, sie in doppelten Formen zu backen oder die Papierformen in ein Muffinblech zu stellen.

Cupcakes mit einem stattlichen aufgespritzten Topping sehen eindrucksvoll aus, aber viele finden vielleicht eine kleinere Menge Topping leckerer. Wenn Sie nicht so viel davon wollen, können Sie die Menge an Topping in Rezepten mit viel Creme halbieren, z. B. bei den Erdbeer-Cupcakes auf S. 50.

Vor dem Glasieren können Sie Cupcakes in einer Plastiktüte bei Zimmertemperatur einen Tag lang verwahren oder einfrieren. Nach dem Glasieren können Sie sie bei Zimmertemperatur ein paar Stunden aufbewahren oder im Kühlschrank einen Tag lang verwahren.

Blaubeer-Cupcakes

14–18 Stück

Kuchen mit frischen Blumen zu schmücken, ist mein allerbester Trick, um sie unwiderstehlich hübsch zu machen. Sehr wenige Blumen sind giftig, aber kontrollieren Sie immer in einem guten Pflanzenbuch nach, um sicher zu sein, und verwenden Sie ungespritzte Blumen. Meine Favoriten sind Flieder, Rosen, Veilchen, Lavendel oder wie hier Chrysanthemen. Vanillepulver ist fein gemahlene Vanillestange, die man in vielen gut sortierten Läden kaufen kann, aber falls Sie es nicht finden, kann es durch Vanillezucker ersetzt werden.

Cupcakes
75 g Butter
180 g Weizenmehl
2 TL Backpulver
½ TL Vanillepulver oder 2 TL Vanillezucker
3 Eier
170 g Zucker
150 ml Milch
80 g Blaubeeren, frisch oder gefroren
100 g weiße Schokolade, grob gehackt

Topping
50 g Blaubeeren, frisch oder aufgetaut
45 g Puderzucker
300 g Frischkäse
100 ml Schlagsahne
evtl. Blaubeeren, weiße Schokoladenknöpfe und frische, essbare Blumen als Dekor

1. ***Cupcakes:*** Die Butter schmelzen.
2. Mehl, Backpulver und Vanillepulver oder -zucker vermischen.
3. Die Eier und den Zucker mit einem Rührgerät fluffig schlagen.
4. Die Mehlmischung nach und nach in die Eiermasse sieben und gleichzeitig Butter und Milch hinzufügen. Vorsichtig zu einem glatten Teig schlagen.
5. Den Teig in Muffinformen verteilen und die Blaubeeren (es macht nichts, wenn sie noch gefroren sind) und die Schokolade darüberstreuen. Auf der mittleren Schiene bei 175 °C ca. 25 Minuten backen.
6. ***Topping:*** Die Blaubeeren mit einem Stabmixer fein mixen. Das Püree evtl. durch ein Sieb passieren, um es ganz glatt zu bekommen.
7. Den Puderzucker und das Blaubeerpüree mit dem Frischkäse verquirlen. Nach und nach die Sahne hinzufügen und alles zu einem fluffigen Topping schlagen, gerne mit dem Rührgerät.
8. Die Glasur auf die Muffins spritzen oder löffeln und am besten mit Blaubeeren, weißer Schokolade und frischen essbaren Blumen dekorieren.

Rocky-Road-Cupcakes

ca. 12 Stück

Als ich klein war und meine Großeltern mir Rocky-Road-Eiscreme spendierten, war das wahrlich ein Fest. Genauso toll sind Nüsse, Marshmallows und Schokolade in einem Cupcake, all die Leckereien sollen hinein!

Cupcakes
175 g Butter
200 g dunkle Schokolade
4 Eier
170 g Zucker
90 g Weizenmehl
45 g Kakao
1 TL Backpulver
knapp ¼ TL Salz
50 g Pekannüsse
35 g Mini-Marshmallows

Topping
200 g dunkle Schokolade
250 ml Schlagsahne
2 TL Honig
25 g zimmerwarme Butter

weitere Mini-Marshmallows und Pekannüsse als Dekor

1. ***Cupcakes:*** Die Butter in einem Topf auf dem Herd schmelzen. Die Schokolade in kleineren Stücken hineinbröckeln und bei niedriger Temperatur schmelzen. Zu einer gleichmäßigen Masse vermischen, den Topf von der Platte nehmen und etwas abkühlen lassen.
2. Die Eier zusammen mit dem Zucker leicht schlagen und dann in die Schokoladenmasse einrühren.
3. Mehl, Kakao, Backpulver und Salz vermischen, in die Masse einrühren und zu einem glatten Teig rühren.
4. Den Teig in Muffinformen verteilen, mit Pekannüssen und Marshmallows bestreuen und im unteren Teil des Ofens bei 175 °C 15–20 Minuten backen. Sie dürfen in der Mitte gerne noch etwas feucht sein. Abkühlen lassen.
5. ***Topping:*** Die Schokolade ziemlich fein hacken. Die Sahne mit dem Honig aufkochen, den Topf von der Platte nehmen und die gehackte Schokolade rasch in die heiße Sahne einrühren. Rühren, bis die ganze Schokolade geschmolzen ist. Die Butter hinzufügen und zu einer glatten Masse verrühren. Das Topping am besten bei Zimmertemperatur bis zum nächsten Tag fest werden lassen. Wenn Sie es eilig haben, können Sie es in den Kühlschrank stellen, aber passen Sie gut auf, dass es nicht zu hart und zu kalt wird.
6. Alle Cupcakes mit Schokoladentopping bestreichen und mit Marshmallows und Pekannüssen dekorieren.

Lakritz-Cupcakes

ca. 12 Stück

Ich liebe alle Süßigkeiten außer Lakritz, dieses Törtchen ist also eine Hommage an alle Lakritzliebhaber da draußen. Lakritzpulver gibt es in diversen Internetshops (siehe S. 92 für einige Tipps), aber man kann es auch durch zerstoßenen Türkisch Pfeffer ersetzen. Wählen Sie die Menge je nachdem, wie verrückt Sie nach Lakritz sind.

Cupcakes
100 g Butter
60 g Weizenmehl
45 g Kakao
2 EL Lakritzpulver oder 5–10 zerstoßene Türkisch Pfeffer
1 TL Backpulver
3 Eier
170 g Zucker
100 ml Milch

Topping
275 g dunkle Schokolade
300 ml Schlagsahne
1 EL Honig
1 EL Lakritzpulver oder 3–5 zerstoßene Türkisch Pfeffer
25 g zimmerwarme Butter

Lakritzkonfekt als Dekor

1. ***Cupcakes:*** Die Butter schmelzen.
2. Mehl, Kakao, Lakritzpulver und Backpulver vermischen.
3. Eier und Zucker mit einem Rührgerät weiß und schaumig schlagen.
4. Die Mehlmischung nach und nach in die Eiermasse sieben und gleichzeitig Butter und Milch hinzufügen. Vorsichtig zu einem glatten Teig schlagen.
5. Den Teig in Muffinformen verteilen und auf der mittleren Schiene bei 175 °C ca. 20 Minuten backen. Abkühlen lassen.
6. ***Topping:*** Die Schokolade ziemlich fein hacken.
7. Die Sahne mit Honig und Lakritzpulver aufkochen, den Topf von der Platte ziehen und die gehackte Schokolade rasch in die heiße Sahne einrühren. Rühren, bis die ganze Schokolade geschmolzen ist. Die Butter in kleinen Stücken hinzufügen und alles zu einer glatten Masse rühren. Das Topping am besten bei Zimmertemperatur bis zum nächsten Tag fest werden lassen. Wenn Sie es eilig haben, können Sie es in den Kühlschrank stellen, aber passen Sie gut auf, dass es nicht zu hart und zu kalt wird.
8. Topping auf alle Cupcakes spritzen und am besten mit Lakritzkonfekt dekorieren.

Erdbeer-Cupcakes

ca. 16 Stück

Ein richtiger Sommertraum von Cupcake, bei dem das fluffige Mascarponetopping ein Versteck für Erdbeeren birgt. Cupcakewrappers, die man um die Cupcakes legt, gibt es in Internetshops mit Backschwerpunkt zu kaufen.

Cupcakes
75 g Butter
180 g Weizenmehl
2 TL Backpulver
½ TL Vanillepulver oder 2 TL Vanillezucker
3 Eier
170 g Zucker
fein geriebene Schale einer Zitrone
150 ml Milch

Füllung
150 g Erdbeeren, frisch oder aufgetaut

Topping
250 g Erdbeeren, frisch oder aufgetaut
2 EL Zucker
500 g Mascarpone
200 ml Schlagsahne

1. ***Cupcakes:*** Die Butter schmelzen und Muffinformen auf ein Blech stellen.
2. Mehl, Backpulver und Vanillepulver oder -zucker vermischen.
3. Eier und Zucker mit einem Rührgerät fluffig schlagen. Die Zitronenschale hinzufügen.
4. Die Mehlmischung nach und nach in die Eiermasse sieben und gleichzeitig Butter und Milch hinzufügen. Vorsichtig zu einem glatten Teig schlagen.
5. Den Teig in Muffinformen verteilen. Auf der mittleren Schiene bei 175 °C ca. 25 Minuten backen. Abkühlen lassen.
6. ***Füllung:*** Jeden Cupcake oben ein bisschen aushöhlen und den Inhalt in einer Schüssel grob zerkrümeln. Die Erdbeeren zerdrücken und mit den Krümeln mischen. Die Masse wieder in die Cupcakes füllen.
7. ***Topping:*** Die Erdbeeren fein pürieren und in einem Topf mit dem Zucker vermischen. Aufkochen und dann 10–15 Minuten sieden lassen, um die Flüssigkeit etwas zu reduzieren. Ganz abkühlen lassen.
8. Mascarpone und Sahne vermischen und mit einem Rührgerät fluffig schlagen.
9. Um einen marmorierten Effekt zu bekommen, träufeln Sie das Erdbeerpüree an den Rändern das Spritzbeutels entlang. Die Mascarponemasse in den Beutel füllen und das Topping auf die Törtchen spritzen. Die Cupcakes evtl. mit Cupcakewrappers dekorieren.

Pfefferminzstangen-Cupcakes

ca. 12–14 Stück

Sowohl Butter als auch Schlagsahne in einem Gebäck – da wird es richtig lecker und nahrhaft!

Cupcakes

150 g Butter
170 g Zucker
75 g Pfefferminzstangen
240 g Weizenmehl
1 TL Backpulver
150 ml Schlagsahne
2 Eier

Topping

30 g Puderzucker
200 g Frischkäse
75 ml Schlagsahne
¼–½ TL Pfefferminzaroma

kleine Pfefferminzbonbons oder Pfefferminzstangen als Dekor

1. ***Cupcakes:*** Die Butter schmelzen und den Zucker einrühren.
2. Die Pfefferminzstangen ziemlich fein zerstoßen und mit dem Mehl und dem Backpulver vermischen. Zusammen mit der Sahne und den Eiern in die Buttermischung einrühren.
3. Den Teig in Muffinformen verteilen. Auf der mittleren Schiene bei 175 °C gute 20 Minuten backen. Abkühlen lassen.
4. ***Topping:*** Den Puderzucker in den Frischkäse einrühren. Sahne und Pfefferminzaroma hinzufügen. Abschmecken und die Menge an Pfefferminz nach Belieben anpassen. Das Topping mit einem Rührgerät fluffig schlagen.
5. Das Topping auf die Muffins streichen und mit kleinen Pfefferminzbonbons oder Pfefferminzstangen dekorieren.

Apfel-Cupcakes

ca. 10 Stück

Nichts ist so anheimelnd und lecker wie Apfelkuchen mit Vanillesoße, hier in Cupcakeform mit Vanillequark als Topping und ein paar weichen Toffees, die sich mit den Äpfeln in der Füllung tummeln.

Cupcakes
100 g Butter
3 Eier
130 g Zucker
180 g Weizenmehl
1 TL Backpulver
knapp ¼ TL Salz
1 EL Vanillezucker
150 ml Milch
2 mittelgroße Äpfel
1 TL gemahlener Zimt
6–8 weiche Toffees

Topping
250 g Vanillequark
200 ml Sahne

Zuckerblumen als Dekor

1. ***Cupcakes:*** Die Butter vorsichtig in einem Topf auf dem Herd oder einer Schüssel in der Mikrowelle schmelzen.
2. Die Eier mit dem Zucker verrühren.
3. Mehl, Backpulver, Salz und Vanillezucker vermischen und zusammen mit der Milch mit der Eiermasse verquirlen. Die geschmolzene Butter ebenfalls untermischen.
4. Die Äpfel in kleine Stücke schneiden und mit dem Zimt vermischen. Die Toffees hacken.
5. Den Teig in Muffinformen verteilen und mit Äpfeln und Toffees bestreuen. Auf der mittleren Schiene bei 175 °C ca. 20 Minuten backen. Abkühlen lassen.
6. ***Topping:*** Vanillequark und Sahne mit einem Rührgerät zu einem cremigen Topping verquirlen, das dauert ca. 5 Minuten. Auf die Muffins spritzen oder streichen und am besten mit Zuckerblumen dekorieren.

Kokos-Maracuja-Cupcakes

ca. 20 kleinere Cupcakes

Fondant ist eine geschmeidige Zuckermasse, die zum Bedecken und Dekorieren von Torten verwendet wird und in Internetshops mit Backschwerpunkt erhältlich ist. Cupcakes mit Fondant zu bedecken ist etwas beschwerlich, aber es wird sehr hübsch. Um Muster daraufzuprägen, rollt man den Fondant mit einer Muster-Teigrolle oder auf einer gemusterten Matte.

Füllen Sie die Formen nicht mit zu viel Teig; um kugelige, hübsche Deckel zu bekommen, ist es gut, wenn darunter eine großzügige Schicht Topping Platz hat.

Cupcakes

100 g Butter
3 Eier
130 g Zucker
150 g Weizenmehl
70 g Kokosflocken
1 TL Backpulver
knapp ¼ TL Salz
150 ml Naturjoghurt
2 Maracujas, ausgehöhlt

Topping

3 EL Zitronensaft
45 g Puderzucker
300 g Frischkäse
100 ml Schlagsahne

Dekor

250 g weißer Fondant
Lebensmittelfarben

1. *Cupcakes:* Die Butter vorsichtig in einem Topf auf dem Herd oder einer Schüssel in der Mikrowelle schmelzen.
2. Die Eier mit dem Zucker verrühren.
3. Mehl, Kokos, Backpulver und Salz vermischen und zusammen mit dem Joghurt mit der Eiermasse verquirlen. Die geschmolzene Butter und das Maracuja-Fruchtfleisch ebenfalls einrühren.
4. Den Teig in Muffinformen verteilen, aber 1–2 cm Rand lassen. Auf der mittleren Schiene bei 175 °C ca. 20 Minuten backen. Abkühlen lassen.
5. *Topping:* Zitronensaft und Puderzucker mit dem Frischkäse verquirlen. Die Sahne hinzufügen und alles mit einem Rührgerät fluffig schlagen. Eine runde Haube auf jeden Cupcake spritzen, die sich ein bisschen über die Ränder wölbt.
6. *Dekor:* Den Fondant in den gewünschten Farben färben.
7. Den Fondant mit einer normalen Teigrolle ca. 2 mm dick ausrollen und noch einmal mit einer Muster-Teigrolle darüberrollen. Runde Deckel ausstechen, die etwas größer sind als die Cupcakes, und auf das Topping legen. Am selben Tag servieren.

Minicupcakes mit Rosenwasser und Grapefruit

ca. 20 Stück

Ich habe eine Assistentin namens Miriam. Sie ist wundervoll und hilft mir bei Dingen, die ich nicht schaffe; sie kauft ein, backt und kümmert sich, und wenn mir die Ideen ausgehen, erfindet Miriam Rezepte. Wie diese zuckersüßen Törtchen mit Rosenwasser und Grapefruit. Rosenwasser kann leicht zu parfümiert wirken, wenn man es überdosiert, aber ein kleiner Schuss gibt einen feinen Pfiff.

Cupcakes
25 g Butter
1 Ei
65 g Zucker
60 g Weizenmehl
½ TL Backpulver
knapp ¼ TL Salz
1 TL Vanillezucker
1 ½ EL Milch
2 EL frisch gepresster Grapefruitsaft
fein geriebene Schale einer Grapefruit
1 TL Rosenwasser

Topping
30 g Puderzucker
2 EL frisch gepresster Grapefruitsaft
knapp ½ TL Rosenwasser
ein paar Tropfen rote Lebensmittelfarbe
200 g Frischkäse
4 EL Schlagsahne

getrocknete Rosenknospen als Dekor

1. ***Cupcakes:*** Die Butter in einem Topf auf dem Herd oder einer Schüssel in der Mikrowelle schmelzen.
2. Das Ei mit dem Zucker verrühren.
3. Das Mehl, das Backpulver, das Salz und den Vanillezucker vermischen und zusammen mit der Milch, dem Grapefruitsaft und der -schale mit der Eiermasse verquirlen. Die geschmolzene Butter und das Rosenwasser ebenfalls einrühren.
4. Den Teig in Muffinformen verteilen. Nach oben mindestens 5 mm Rand lassen. Auf der mittleren Schiene bei 175 °C 10–15 Minuten backen. Abkühlen lassen.
5. ***Topping:*** Puderzucker, Grapefruitsaft, Rosenwasser und Farbe in den Frischkäse einrühren. Die Sahne hinzufügen und alles mit einem Rührgerät fluffig schlagen.
6. Das Topping mit einer Rosentülle in einem Blütenblattmuster auf die Muffins spritzen. Evtl. mit getrockneten Rosenknospen dekorieren.

Tipp

Um blütenförmiges Topping auf Cupcakes zu spritzen, benötigen Sie eine gebogene Rosentülle. Im Internet finden Sie Filme, die zeigen, wie Sie vorgehen müssen.

Cakepops

Cakepops sind einfach ausgedrückt Kuchenteig auf Lutscherstielen, die danach hemmungslos dekoriert werden. Man zerkrümelt einen Kuchen und vermischt die Krümel mit etwas Feuchtem und Leckerem, z.B. Erdnussbutter, Schokoladenganache, Lemon Curd, Frischkäse oder Haselnussmasse. Den entstandenen Teig kann man dann zu Kugeln, Herzen oder Figuren formen und in Schokolade tauchen.

Falls Sie weder Zeit noch Lust haben, den Kuchen zu backen, der die Grundlage für die Lollies bildet, können Sie die entsprechende Menge an gekauften Schokomuffins, Sandkuchen oder Brownies verwenden.

Stiele für die Lollies können Sie in Hobbyläden und über Websites kaufen, die Backzubehör anbieten. Ansonsten können Sie Schaschlikspieße aus Holz verwenden und auf die richtige Länge kürzen.

In den USA ist es üblich, dass man Cakepops in Candy Melts taucht, eine Art bunte Pellets, die geschmolzen werden und dann zu einer Zuckerhülle erstarren. Anstelle von Candy Melts kann man Schokolade verwenden. Weiße Schokolade ist der beste Ausgangspunkt, wenn man sie färben will, und in gewissem Rahmen kann man normale flüssige Lebensmittelfarben verwenden, aber wenn man kräftige Farben für seine Cakepops will, ist es am besten, besondere Pulverfarben zu verwenden. Diese Farben sind nämlich fettlöslich und eignen sich daher am besten für fette Schokolade, im Gegensatz zu flüssigen Lebensmittelfarben, die wasserlöslich sind.

Als Dekor können Sie Streusel, Süßigkeiten, geschmolzene Schokolade etc. verwenden. Für die Flügel, Schnäbel und Füße des Kükens und die Nasen der Schneemänner habe ich sogenannte Mukhwas verwendet, indische, in Zucker gehüllte Fenchelsamen. Man findet sie in asiatischen Lebensmittelläden, aber sie können auch durch Streusel oder Fondant ersetzt werden.

Viele Cakepops zu machen, kann ziemlich anstrengend und zeitraubend sein. Sie können daher den Kuchen an einem Tag backen und genießen und am Tag danach eine kleinere Menge Cakepops aus den Resten machen.

Wenn Sie Ihre Cakepops in Schokolade getaucht haben, ist es praktisch, die Lollies in ein Stück Nasssteckschaum oder Styropor zu stecken. Lassen Sie sie anschließend im Kühlschrank fest werden.

Verwahren Sie Ihre Cakepops sorgfältig in Plastikfolie gewickelt oder in einer dicht schließenden Dose im Kühlschrank bis zu einer Woche.

Cakepops mit Schokoladenfüllung

ca. 30 Stück

Alles wird lustiger und ein bisschen kindlicher, wenn man es auf einen Stiel steckt!

Kuchen
100 g Butter
60 g Weizenmehl
45 g Kakao
1 TL Vanillezucker
1 TL Backpulver
3 Eier
170 g Zucker
100 ml Milch

Butter und Semmelbrösel für die Form

Lollies
175 g Erdnussbutter
150 g weiße Schokolade zum Eintauchen und Dekorieren
150 g dunkle Schokolade zum Eintauchen und Dekorieren
Streusel und evtl. Lebensmittelfarbe als Dekor

1. ***Kuchen:*** Eine Form, die mindestens 1 ½ Liter fasst, einfetten und mit Semmelbröseln ausstreuen.
2. Die Butter schmelzen. Mehl, Kakao, Vanillezucker und Backpulver vermischen.
3. Eier und Zucker mit einem Rührgerät weiß und fluffig schlagen.
4. Die Mehlmischung nach und nach in die Eiermasse sieben und gleichzeitig Butter und Milch hinzufügen. Vorsichtig zu einem glatten Teig schlagen.
5. Den Teig in die Form füllen und im unteren Teil des Ofens bei 175 °C ca. 35 Minuten backen. Den Kuchen ein paar Minuten abkühlen lassen und dann stürzen. Ganz auskühlen lassen.
6. ***Lollies:*** Den Kuchen in einer Küchenmaschine zu Krümeln mixen. Die Erdnussbutter hinzufügen und zu einer dicken Masse mixen.
7. Die Masse zu Herzen oder runden Kugeln formen und Stiele hineinstecken, die mit etwas geschmolzener Schokolade befestigt werden. Im Kühlschrank ca. 30 Minuten fest werden lassen.
8. Die Schokolade zum Eintauchen vorsichtig in der Mikrowelle oder im Wasserbad schmelzen. Jeden Stiel in eine Schicht Schokolade tauchen. Etwas abtropfen lassen und mit Streuseln bestreuen. Dann die Cake Pops in ein Stück Nasssteckschaum oder Styropor stecken. Eventuell mit weißer Schokolade dekorieren, die mit ein paar Tropfen Lebensmittelfarbe gefärbt wurde. Im Kühlschrank fest werden lassen.

Osterpops

ca. 35 Stück

Die Ostertage sind meine Lieblingsfeiertage – hell, pastellfarben und voller Süßigkeiten! Diese Figuren sind so süß, dass man sie kaum aufessen will.

Kuchen
75 g Butter
180 g Weizenmehl
2 TL Backpulver
2 TL Vanillezucker
3 Eier
170 g Zucker
150 ml Milch

Butter und Semmelbrösel für die Form

Lollies
225 g Lemon Curd (s. Rezept auf S. 72)
200 g weiße Schokolade zum Eintauchen und Dekorieren
100 g Vollmilchschokolade zum Eintauchen
gelbe, rote, grüne und schwarze Lebensmittelfarbe
Streusel und Mukhwas (siehe S. 62)
Mandelspäne als Ohren

1. ***Kuchen:*** Eine Form, die mindestens 1 ½ Liter fasst, einfetten und mit Semmelbröseln ausstreuen.
2. Die Butter schmelzen.
3. Mehl, Backpulver und Vanillezucker vermischen.
4. Eier und Zucker mit einem Rührgerät fluffig schlagen.
5. Die Mehlmischung nach und nach hineinsieben. Butter und Milch hinzufügen und alles mit einem Handrührgerät zu einem glatten Teig schlagen.
6. Den Teig in die Form füllen und auf der unteren Schiene gute 40 Minuten backen. Den Kuchen umgedreht auf Backpapier oder einem Rost ein paar Minuten abkühlen lassen und dann aus der Form lösen. Ganz auskühlen lassen.
7. ***Lollies:*** Den Kuchen in einer Küchenmaschine zu Krümeln mixen. Den Lemon Curd hinzufügen und zu einer dicken Masse mixen.
8. Die Masse zu runden Kugeln, Eiern und Osterhasenköpfen formen und Stiele hineinstecken, die mit etwas geschmolzener Schokolade befestigt werden. Im Kühlschrank ca. 30 Minuten fest werden lassen.
9. Die Schokolade zum Eintauchen vorsichtig in der Mikrowelle oder im Wasserbad schmelzen.
10. ***Küken:*** Die Kugeln in eine Schicht weiße Schokolade tauchen, eventuell mit ein paar Tropfen gelber Lebensmittelfarbe gefärbt, und Mukhwas als Flügel, Schnabel und Füße hineinstecken. Dann den Stiel in ein Stück Nasssteckschaum oder Styropor stecken und im Kühlschrank fest werden lassen. Die Augen mit einem in schwarze Lebensmittelfarbe oder dunkle Schokolade getauchten Zahnstocher aufmalen.
11. ***Eier:*** Die eierförmigen Lollies in weiße Schokolade tauchen. Etwas Schokolade färben und als Dekor auf die Eier spritzen. Evtl. mit Streuseln schmücken.
12. ***Osterhasen:*** Die Lollies in Vollmilchschokolade tauchen, Mandelspäne als Ohren hineinstecken und Streusel als Nase befestigen. Den Mund mit rosa gefärbter, geschmolzener weißer Schokolade aufspritzen. Die Augen mit einem in schwarze Lebensmittelfarbe oder dunkle Schokolade getauchten Zahnstocher aufmalen.

Weihnachtspops

ca. 35 Stück

Cakepops als Nascherei in der Advents- und Weihnachtszeit schlagen jeden Pfefferkuchen.

Kuchen

75 g Butter
3 Eier
170 g Zucker
150 g Weizenmehl
1 ½ TL Backpulver
1 EL Pfefferkuchengewürz oder die entsprechende Menge gemahlener Zimt, Kardamom, Nelken und Ingwer
150 ml Saure Sahne oder Milch

Butter und Semmelbrösel für die Form

Lollies

150 g Frischkäse
100–200 ml Preiselbeermarmelade
350 g weiße Schokolade zum Eintauchen und Dekorieren
25 g dunkle Schokolade zum Dekorieren
Streusel, Süßigkeiten und Mukhwas (siehe S. 62)
rote Lebensmittelfarbe

1. ***Kuchen:*** Eine Form, die ca. 1 ½ Liter fasst, einfetten und mit Semmelbröseln ausstreuen.
2. Die Butter schmelzen.
3. Eier und Zucker mit einem Rührgerät fluffig schlagen.
4. Mehl, Backpulver und Pfefferkuchengewürz mischen.
5. Die Mehlmischung nach und nach hineinsieben und gleichzeitig Butter und Saure Sahne bzw. Milch hinzufügen. Mit einem Handrührgerät vorsichtig zu einem glatten Teig schlagen.
6. Den Teig in die Form füllen und auf der unteren Schiene bei 175 °C 40–50 Minuten backen. Den Kuchen umgedreht auf Backpapier oder einem Rost ein paar Minuten abkühlen lassen und dann aus der Form lösen. Ganz auskühlen lassen.
7. ***Lollies:*** Den Kuchen in einer Küchenmaschine zu Krümeln mixen. Frischkäse und Preiselbeermarmelade hinzufügen und zu einer dicken Masse mixen.
8. Die Masse zu Würfeln, Zipfelmützen, kleinen und etwas größeren Kugeln formen und Stiele hineinstecken, die mit etwas geschmolzener Schokolade befestigt werden. Die kleinen Kugeln für die Köpfe nicht auf Stiele stecken. Im Kühlschrank ca. 30 Minuten fest werden lassen.
9. Schneebälle: Die Kugeln in weiße Schokolade tauchen und mit weißen Streuseln bestreuen. Die Lollies in ein Stück Nasssteckschaum stecken und im Kühlschrank fest werden lassen.
10. ***Päckchen:*** Die Lollies in weiße Schokolade tauchen. Bänder aus rot gefärbter weißer Schokolade aufspritzen.
11. ***Zipfelmützen:*** Die Lollies in rot gefärbte weiße Schokolade tauchen. Eine große Streuselkugel als Bommel daraufsetzen und weiße Schokolade um den unteren Rand spritzen. Den Rand mit weißen Streuseln bestreuen.
12. ***Schneemänner:*** Die kleinen Kugeln für den Kopf in weiße Schokolade tauchen und Streusel oder Mukhwas als Nasen befestigen. Im Kühlschrank fest werden lassen. Die größeren Kugeln in weiße Schokolade tauchen und die Köpfe darauf befestigen. Fest werden lassen und dann mit dunkler Schokolade Augen und Knöpfe aufspritzen und Süßigkeiten als Hut und Schal daran befestigen.

Tipp

Anstelle der Baiserfüllung können Sie auch Marshmallow Fluff aus dem Glas, Schlagsahne oder ein Cupcaketopping verwenden, z. B. das von S. 44.

Whoopie Pies

ca. 35 Doppelkekse

Man könnte meinen, Whoopie Pies seien neue Trendkekse, doch angeblich sollen sie in den USA schon in den 20er Jahren genossen worden sein und ihren Ursprung bei den Amish haben. Der Keks besteht aus zwei weichen Böden mit einer fluffigen Baiserfüllung dazwischen. Meine Variante fülle ich mit Italienischem Baiser, das heißt, dass man heißes Zuckerwasser über geschlagenes Eiweiß gießt und das Baiser dann lauwarm schlägt. Es ist einfacher, wenn man zu zweit in der Küche ist, weil es etwas schwierig sein kann.

Kekse
60 g zimmerwarme Butter
4 EL Rapsöl
210 g Zucker
1 Ei
2 TL Vanillezucker
210 g Weizenmehl
90 g Kakao
1 ½ TL Backpulver
½ TL Salz
250 ml Milch

Baiserfüllung
3 Eiweiß
75 ml Wasser
130 g + 40 g Zucker
½ TL Vanillepulver oder 2 TL Vanillezucker

evtl. Streusel als Dekor

1. ***Kekse:*** Butter, Öl und Zucker mit einem Rührgerät schaumig schlagen.
2. Mit dem Ei und dem Vanillezucker verquirlen. Mehl, Kakao, Backpulver und Salz vermischen. Sieben und mit einem Handrührgerät zusammen mit der Milch untermischen.
3. Kleine Kekse auf Bleche mit Backpapier spritzen oder klecksen und auf der mittleren Schiene bei 200 °C ca. 10 Minuten backen. Abkühlen lassen.
4. ***Baiserfüllung:*** Die Eiweiße in eine saubere, trockene Schüssel geben, gerne aus rostfreiem Stahl.
5. Das Wasser und 130 g Zucker in einem Topf aufkochen und ein Thermometer hineinstellen. Das Zuckerwasser soll 120 °C heiß werden, und Sie müssen es nicht rühren.
6. Wenn das Zuckerwasser eine Weile gekocht hat, das Eiweiß mit einem Rührgerät schlagen. Wenn der Eischnee beginnt, fluffig zu werden, 40 g Zucker hinzufügen und weiterschlagen, bis es steif ist. Wenn das Zuckerwasser 120 °C erreicht hat, in einem dünnen Strahl zum Eischnee geben und verquirlen. Dann das Vanillepulver hinzufügen und 5–10 Minuten weiterschlagen, bis das Baiser abgekühlt ist.
7. Einen Klecks Baiser auf die Unterseite der Hälfte der Kekse spritzen und mit den restlichen Keksen zusammenlegen. Die Ränder evtl. in Streusel tauchen. Die Kekse können bei Zimmertemperatur 3–4 Tage verwahrt werden und lassen sich auch gut einfrieren.

Schokoladenkugeln mit Kaffeelikör

25–30 Stück

Kahlúa anstelle von Kaffee gibt den Schokoladenkugeln einen erwachsenen Pfiff.

100 g zimmerwarme Butter
85 g Zucker
1 EL Vanillezucker
3 EL Kakao
120 g Haferflocken
3 EL Kahlúa (Kaffeelikör)

Hagelzucker als Dekor

1. Alle Zutaten für die Schokoladenkugeln zu einer gleichmäßigen Masse verrühren.
2. Die Masse zu kleinen Kugeln rollen und in Perlzucker wälzen. Im Kühlschrank fest werden lassen. Die Schokoladenkugeln sind mindestens 1–2 Wochen haltbar.

Petits Fours

ca. 35 kleine Petits Fours

Petits Fours können in Aussehen und Geschmack stark variieren, sind aber immer delikate Mini-Gebäckstücke. Meine bestehen aus einer Mürbteigform, die mit cremigem Lemon Curd gefüllt und mit Roten Johannisbeeren dekoriert ist. Um die Mürbteigförmchen zu backen, brauchen Sie Miniformen, die es in gut sortierten Küchenläden zu kaufen gibt.

Mürbteig

150 g Weizenmehl
40 g Zucker
knapp ¼ TL Salz
100 g kalte Butter
1 Eigelb

Mehl für die Förmchen

Lemon Curd

100 ml frisch gepresster Zitronensaft (entspricht ca. 1–2 Zitronen)
50 g Butter
65 g Zucker
2 Eier

Rote Johannisbeeren als Dekor

1. ***Mürbteig:*** Alle Zutaten für den Mürbteig in einer Küchenmaschine rasch zu einem Teig zusammenmixen. Man kann den Teig auch per Hand verkneten.
2. Die Förmchen mit einer dünnen Schicht Mehl bestäuben und mit dem Teig auskleiden, entweder, indem man einfach mit der Hand eine gleichmäßige Schicht Teig in jedes Förmchen drückt oder indem man den Teig zuerst auf einem bemehlten Backbrett 2 mm dick ausrollt, die Formen mit etwas Zwischenraum aufstellt und den Teig darüberlegt. Den Teig in jede Form drücken und die Ränder ebnen. Ca. 30 Minuten im Kühlschrank stehen lassen.
3. Die Formen auf einem Blech auf der mittleren Schiene bei 200 °C 8–10 Minuten backen.
4. ***Lemon Curd:*** Den Zitronensaft zusammen mit der in kleinere Stücke geschnittenen Butter und der Hälfte des Zuckers in einen Topf geben. Die Mischung erhitzen und währenddessen die Eier mit dem Rest des Zuckers verquirlen.
5. Wenn die Zitronensaftmischung aufgekocht ist, die Eiermasse mit einem Schneebesen einrühren. Weiterrühren, bis der Curd einzudicken beginnt. Bei schwacher Hitze ca. 1 Minute sieden lassen, dann den Topf von der Platte ziehen und die Creme durch ein feinmaschiges Sieb streichen, um sie richtig glatt zu bekommen. Abkühlen lassen.
6. Den Lemon Curd in die Mürbteigförmchen füllen. Im Kühlschrank fest werden lassen.
7. Mit Roten Johannisbeeren dekorieren.

Glasierte Mürbteigkekse

ca. 25 Kekse

Mit etwas Geduld und einer ruhigen Hand werden diese Kekse schön wie kleine Bilder!

Mürbteig
150 g Weizenmehl
40 g Zucker
knapp ¼ TL Salz
100 g kalte Butter
1 Eigelb

Glasur
360 g Puderzucker
3–4 EL Wasser
1 EL zimmerwarme Butter
1 EL flüssiger Honig

Lebensmittelfarben
Streusel als Dekor

1. ***Mürbteig:*** Alle Zutaten für den Mürbteig in einer Küchenmaschine rasch zu einem Teig zusammenmixen. Man kann den Teig auch per Hand verkneten.
2. Den Teig auf einem bemehlten Backbrett 2–3 mm dick ausrollen und mit Ausstechformen in Form von Eistüten, Regenschirmen oder Ähnlichem Kekse ausstechen.
3. Die Kekse auf der mittleren Schiene bei 200 °C 8–10 Minuten backen. Abkühlen lassen.
4. ***Glasur:*** Die Zutaten für die Glasur in einer Schüssel vermischen. Ca. 1 Minute schlagen.
5. Die Glasur auf mehrere Schüsseln aufteilen und die gewünschten Farben hinzufügen. Eventuell noch ein paar Tropfen Wasser hinzufügen, falls die Glasur zu dick erscheint.
6. Die Kekse dekorieren, indem Sie zuerst dünne Glasurstränge längs der gewünschten Konturen spritzen. Ca. 1 Minute trocknen lassen und dann die Flächen großzügig mit Glasur ausfüllen. Eventuell müssen Sie die Glasur mit ein paar weiteren Tropfen Wasser verdünnen, wenn Sie die Flächen ausfüllen. Am besten mit Streuseln dekorieren und dann die Glasur ein paar Stunden trocknen lassen. Die Kekse können in einer Dose bei Zimmertemperatur 5–6 Tage verwahrt werden.

Nugat-Dubletten

ca. 30 Doppelkekse

Nugat aus der Packung wird zur schnellen und leckeren Füllung dieser Schokoladenkekse.

Kekse
250 g zimmerwarme Butter
40 g Zucker
1 Eigelb
210 g Weizenmehl
5 EL Kakao
knapp ¼ TL Salz

Füllung
200 g Nugat

1. ***Kekse:*** Butter, Zucker und Eigelb ca. 1 Minute in einer Küchenmaschine zu einer weichen, weißen Masse vermischen. Die restlichen Zutaten hinzufügen und rasch zu einem Teig verarbeiten. Sie können die Zutaten auch in einer Schüssel zusammenkneten, wenn Sie keine Küchenmaschine haben.
2. Den Teig zu zwei Rollen formen und in Plastikfolie einwickeln. Im Kühlschrank mindestens 30 Minuten ruhen lassen, sodass er fest genug wird, um ihn in Scheiben schneiden zu können.
3. Die Plastikfolie entfernen und die Rollen in ca. 5 mm dicke Scheiben schneiden. Die Scheiben auf Bleche mit Backpapier legen und auf der mittleren Schiene bei 200 °C 7–8 Minuten backen. Abkühlen lassen.
4. ***Füllung:*** Das Nugat in kleinere Stücke brechen und in eine Schüssel geben. Vorsichtig in der Mikrowelle oder im Wasserbad erwärmen, bis das Nugat cremig ist. Sollte es zu flüssig werden, muss man es nur wieder ein wenig abkühlen lassen, dann wird es dicker. Das Nugat auf die Unterseite der Hälfte der Kekse spritzen oder streichen und mit den restlichen Keksen zusammenlegen. Die Kekse können bei Zimmertemperatur ca. 3 Tage verwahrt werden, sie lassen sich aber auch gut einfrieren.

Himbeerkekse

25–30 Stück

Zarte Mürbteigkekse mit einem Herz aus Himbeercreme. Legen Sie sie am besten in eine hübsche Dose und nehmen sie mit zum Picknick.

Kekse
240 g Weizenmehl
75 g Kartoffelmehl
knapp ¼ TL Salz
200 g kalte Butter
85 g Zucker

Himbeerfüllung
75 g Himbeeren
225 g weiße Schokolade
4 EL Schlagsahne
evtl. ein paar Tropfen rote Lebensmittelfarbe

1. ***Kekse:*** Mehl, Kartoffelmehl und Salz in eine Schüssel geben. Die kalte Butter in kleineren Stücken hinzufügen und mit den Fingerspitzen in der Mehlmischung verteilen. Rasch zu einem Teig verkneten und den Zucker mit einarbeiten. Man kann den Teig auch in einer Küchenmaschine zusammenmixen.
2. Den Teig in Plastikfolie wickeln und im Kühlschrank mindestens 30 Minuten ruhen lassen. Wenn er zu hart wird, muss man ihn einfach auf dem Backbrett kneten, bis er wieder geschmeidig wird.
3. Den Teig auf einem bemehlten Backbrett gute 2 mm dick ausrollen. Kontrollieren, dass der Teig nicht am Backbrett klebt, und dann mit einer gewellten Ausstechform Kreise ausstechen. Die Kekse mit gleichmäßigen Abständen auf Bleche mit Backpapier legen. Bei der Hälfte der Kekse in der Mitte ein Loch ausstechen. Dafür kann man z. B. einen Apfelentkerner, eine Spritztülle oder ein kleines Messer benutzen.
4. Die Kekse auf der mittleren Schiene bei 200 °C 7–8 Minuten backen, bis sie leicht goldbraun werden. Abkühlen lassen.
5. ***Himbeerfüllung:*** Die Himbeeren mit einem Stabmixer mixen. Die Schokolade in kleinere Stücke brechen.
6. Himbeeren, Schokolade und Sahne in einen Topf geben und auf niedrigster Stufe vorsichtig erwärmen, bis die Schokolade geschmolzen ist. Ab und zu rühren, bis eine ziemlich glatte Creme entstanden ist. Wenn Sie wollen, dass sie stärker rosafarben wird, ein paar Tropfen Lebensmittelfarbe hinzufügen. Die Creme abkühlen und evtl. im Kühlschrank etwas fest werden lassen.
7. Die Füllung auf die Kekse ohne Loch streichen oder spritzen und dann die Kekse mit Loch darauflegen. Die Kekse können bei Zimmertemperatur 2–3 Tage verwahrt oder eingefroren werden.

Madeleines

ca. 50 kleine Kekse

Madeleines sind kleine, weiche Kekse, die man in muschelähnlichen Formen backt. Sie erinnern in der Konsistenz ein wenig an saftige Muffins und sind wohlbekannt, seit sie in Marcel Prousts Buch „Auf der Suche nach der verlorenen Zeit" beschrieben wurden.

Eigentlich ist die hübsche Muschelform die Unterseite der Kekse, und wenn man dem korrekten französischen Rezept folgt, sollte die Oberseite einen großen Hügel bilden, den man natürlich zeigt. Aber ich bin ein klein wenig rebellisch und mache es umgekehrt.

100 g Butter
2 Eier
85 g Zucker
fein geriebene Schale von ½ Zitrone
90 g Weizenmehl
½ TL Backpulver

Butter zum Einfetten der Formen

1. Die Formen mit etwas Butter einfetten. Die Butter für die Kekse schmelzen.
2. Die Eier trennen und die Eigelbe zusammen mit dem Zucker und der Zitronenschale richtig schaumig schlagen. Die Eiweiße in einer sauberen, trockenen Schüssel steif schlagen.
3. Das Mehl und das Backpulver vermischen und in die Eiermasse sieben. Die Butter in den Teig einrühren. Den Eischnee unterheben.
4. Die Formen zu zwei Dritteln mit Teig füllen, am besten mithilfe eines Spritzbeutels. Auf ein Blech oder Ofengitter stellen und im unteren Teil des Ofens bei 175 °C 12–15 Minuten backen. Die Kekse sollten oben leicht goldbraun werden. Sofort aus der Form drücken. Die Kekse am selben Tag essen und evtl. übrig gebliebene einfrieren.

Tipp

Madeleineformen aus Silikon oder Teflon gibt es in gut sortierten Küchenläden. Wenn Sie nicht genügend Formen haben, können Sie die Kekse nacheinander backen, und wenn Sie überhaupt keine Madeleineformen haben, können Sie kleine Papiermuffinformen verwenden.

Strassburger

ca. 20 Stück

Diese kleinen Leckerbissen zergehen regelrecht auf der Zunge, und man nimmt leicht noch einen Keks und noch einen. Sie sind perfekt, um sie im Gefrierschrank zu haben und schnell aufzutauen, wenn Kaffeegäste kommen. Verdoppeln Sie die Menge, wenn Sie wollen, dass sie lange reichen.

Kekse

125 g zimmerwarme Butter
30 g Puderzucker
1 EL Vanillezucker
75 g Kartoffelmehl
60 g Weizenmehl
1/8 TL Salz

Dekor

100 g dunkle Schokolade
25 g gehackte Haselnüsse

1. ***Kekse:*** Butter, Puderzucker und Vanillezucker in eine Küchenmaschine geben und gut mixen.
2. Kartoffelmehl, Weizenmehl und Salz hinzufügen und alles zu einem Teig kneten.
3. In gleichmäßigen Abständen muschelförmige Kekse auf ein Blech mit Backpapier spritzen.
4. Auf der mittleren Schiene bei 175 °C 10–12 Minuten backen, bis die Kekse etwas Farbe bekommen haben. Abkühlen lassen.
5. ***Dekor:*** Die Schokolade vorsichtig in der Mikrowelle oder im Wasserbad schmelzen und die Kekse zur Hälfte eintauchen. Mit gehackten Haselnüssen bestreuen und im Kühlschrank fest werden lassen. Die Kekse kühl verwahren oder einfrieren.

Tipp

Den relativ festen Teig zu spritzen, kann ein wenig trickreich sein, wenn man es nicht gewöhnt ist. Um es zu erleichtern, ist es wichtig, dass die Butter richtig weich ist. Lieber etwas geschmolzen als zu kalt und hart. Sie brauchen einen kräftigen Spritzbeutel und eine Sterntülle oder eine altmodische Garnierspritze aus Metall. Oder Sie rollen den Teig einfach zu Kugeln und drücken diese mit einer Gabel flach. Das sieht auch hübsch aus und ist genauso lecker!

Amaretti

ca. 12 Stück

Eine knusprige, kleine italienische Süßigkeit, die perfekt zu einem Espresso passt. Eine Verwandte der Macarons, aber sehr viel einfacher zu backen!

65 g Zucker
200 g Marzipanrohmasse
1 Eiweiß
knapp ¼ TL Bittermandelaroma

1 EL Puderzucker als Dekor

1. Den Zucker per Hand mit der Marzipanrohmasse verkneten, dann nach und nach das Eiweiß und zum Schluss das Bittermandelaroma hinzufügen.
2. Den Teig zu kleinen Kugeln rollen und in gleichmäßigen Abständen auf Bleche mit Backpapier legen. Die Hände am besten mit etwas Wasser befeuchten, dann klebt es nicht so. Die Kugeln etwas flach drücken. Die Kekse vor dem Backen gerne ca. 2 Stunden auf dem Blech trocknen lassen, dann bekommen sie hübsche Risse.
3. Die Kekse mit Daumen und Zeigefinger zusammendrücken. Mit etwas Puderzucker bestäuben und auf der mittleren Schiene bei 175 °C ca. 12 Minuten backen. Abkühlen lassen.

Fudgetörtchen

15–20 Stück

Wenn man geschmolzene Schokolade auf die Innenseite kleiner Muffinformen pinselt, bekommt man ganz einfach hübsche Törtchenformen.

Schokoladenformen
150 g dunkle Schokolade

Fudge
125 g dunkle Schokolade
150 ml Schlagsahne
130 g Zucker
2 EL weißer Backsirup (als Vit Sirap im Schwedenshop)
75 g zimmerwarme Butter

evtl. frische essbare Blumen als Dekor, z. B. Nelken

1. ***Schokoladenformen:*** Die dunkle Schokolade in Stücke brechen und vorsichtig in der Mikrowelle oder im Wasserbad schmelzen.
2. Eine ziemlich dicke Schicht Schokolade auf die Innenseite von kleinen Muffinformen pinseln. Die Formen im Kühlschrank mindestens 30 Minuten fest werden lassen. Die Stellen, die dünn aussehen, evtl. mit noch mehr Schokolade bestreichen und nochmals kurz im Kühlschrank fest werden lassen. Dann die Papierformen vorsichtig entfernen und die Schokoladenformen wieder in den Kühlschrank stellen.
3. ***Fudge:*** Die Schokolade in kleinere Stücke brechen und in einem Topf mit der Sahne, dem Zucker und dem Sirup vermischen. Aufkochen und dann ein paar Minuten köcheln lassen. Den Topf von der Platte ziehen und die Butter einrühren. Ganz abkühlen lassen.
4. Das Fudge in die Formen spritzen. Bis zum Servieren kalt verwahren. Evtl. mit essbaren Blumen dekorieren.

Preiselbeertörtchen

15–20 Stück

Säuerliche Preiselbeeren, fluffige Sahne und süße weiße Schokolade – eine unschlagbare Kombination.

Schokoladenformen
150 g weiße Schokolade

Preiselbeersahne
100 g Preiselbeeren, frisch oder aufgetaut
1 EL Puderzucker
200 ml Schlagsahne

evtl. frische essbare Blumen als Dekor, z. B. Nelken

1. ***Schokoladenformen:*** Punkt 1–2 für die Fudgetörtchen folgen.
2. ***Preiselbeersahne:*** Die Preiselbeeren mit einem Stabmixer ziemlich fein pürieren. Den Puderzucker einrühren.
3. Die Sahne steif schlagen und das Preiselbeerpüree etwas schlampig unterheben. Die Preiselbeersahne in die Formen spritzen. Evtl. mit essbaren Blumen dekorieren. Sofort servieren.

Lavendelmedaillons

15–20 Stück

Schön wie kleine Schmuckstücke werden diese kleinen Süßigkeiten. Etwas säuerliche Zitrone schafft den Ausgleich zur süßen weißen Schokolade und dem Lavendel. Getrockneten Lavendel gibt es in Gewürz- und Teeläden.

Lavendelganache
100 ml Schlagsahne
1 TL Honig
2 EL Lavendel, frisch oder getrocknet
fein geriebene Schale von ½ Zitrone
150 g weiße Schokolade
blaue und rote Lebensmittelfarbe

Lavendelzucker
1 EL Zucker
1 EL getrockneter Lavendel
blaue und rote Lebensmittelfarbe

Schokoladenplättchen
200 g weiße Schokolade

1. ***Lavendelganache:*** Sahne und Honig zusammen mit dem Lavendel und der Zitronenschale aufkochen. Den Topf vom Herd ziehen, einen Deckel darauflegen und die Ganache ca. 20 Minuten ziehen lassen, sodass die Sahne den Geschmack der Gewürze annimmt.
2. Währenddessen die Schokolade ziemlich fein hacken. In eine Schüssel geben und ein Sieb über die Schüssel legen.
3. Die Sahne mit den Gewürzen noch einmal aufkochen. Die kochend heiße Sahne durch das Sieb über die Schokolade gießen. Zu einer glatten Ganache verrühren. Evtl. ein paar Topfen rote und blaue Lebensmittelfarbe einrühren, wenn Sie lilafarbene Ganache wollen. Die Ganache in einen Spritzbeutel füllen und im Kühlschrank mindestens 2 Stunden abkühlen lassen.
4. ***Lavendelzucker:*** Zucker und Lavendel in einem Mörser fein zerstoßen. Evtl. ein paar Tropfen blaue und rote Lebensmittelfarbe hinzufügen, wenn der Zucker eine kräftigere lila Farbe haben soll.
5. ***Schokoladenplättchen:*** Die Schokolade vorsichtig in der Mikrowelle oder im Wasserbad schmelzen.
6. Kreise aus Schokolade auf mit Butterbrotpapier begelegte Brettchen spritzen. Die Brettchen auf den Tisch schlagen, um die Kreise flach zu machen. Die Hälfte der Kreise mit Lavendelzucker bestreuen und im Kühlschrank fest werden lassen.
7. Die Plättchen ohne Lavendelzucker umdrehen und die Füllung aufspritzen. Eine Plättchen mit Lavendelzucker als Deckel darauflegen. Bis zum Servieren im Kühlschrank verwahren.

Marmorierte Haselnuss-Brownies

ca. 30 kleine Quadrate

Das hübsche marmorierte Muster ist gar nicht so schwer zu machen, wie man vielleicht glaubt.

Wenn man Schokolade färben will, ist es meistens nicht ideal, normale flüssige Lebensmittelfarbe zu verwenden. Wenn nichts anderes da ist, geht es, aber wenn Sie die Möglichkeit haben, Pulverfarben zu bekommen, die für das Färben von Schokolade gedacht sind, wird es am besten.

Brownies

250 g dunkle Schokolade, gerne 70 Prozent Kakao
250 g zimmerwarme Butter
270 g Rohzucker
3 Eier
1 Eigelb
60 g Weizenmehl
60 g Kakao
½ TL Backpulver
knapp ¼ TL Salz
60 g Haselnüsse, am besten geröstet, geschält und grob gehackt

Glasur

250 g dunkle Schokolade
250 g weiße Schokolade
rote und grüne Lebensmittelfarbe, am besten Pulverfarbe

1. ***Brownies:*** Eine ofenfeste Form, ca. 20 x 26 cm groß, mit Backpapier auskleiden oder einfetten.
2. 200 g der Schokolade vorsichtig im Wasserbad oder in der Mikrowelle schmelzen und etwas abkühlen lassen. Den Rest der Schokolade grob hacken.
3. Die Butter und den Rohzucker mit einem Rührgerät weich und schaumig schlagen.
4. Die Eier und das Eigelb nacheinander hinzufügen und dazwischen gut schlagen. Die geschmolzene Schokolade in die Masse einrühren.
5. Mehl, Kakao, Backpulver und Salz vermischen und in die Masse sieben. Vorsichtig zu einem glatten Teig rühren und zum Schluss die gehackte Schokolade und die Nüsse unterheben. Den Teig in die Form geben und glatt streichen. Auf der mittleren Schiene bei 175 °C 25–30 Minuten backen. Am besten mit einem Stäbchen probieren: Der Teig sollte gestockt sein und sich nicht flüssig anfühlen, aber der Kuchen sollte auch nicht ganz durchgebacken sein.
6. Den Kuchen abkühlen lassen und dann in Stücke schneiden.
7. ***Glasur:*** Die dunkle und die weiße Schokolade jeweils für sich vorsichtig in der Mikrowelle oder im Wasserbad schmelzen.
8. Einen Teil der weißen Schokolade rosa färben, einen Teil grün, und einen Teil weiß lassen.
9. Die Brownie-Quadrate mit einer Schicht dunkler Schokolade glasieren. Etwas weiße Schokolade und etwas gefärbte Schokolade darüberträufeln und einen Zahnstocher hindurchziehen, um ein marmoriertes Muster zu schaffen. Im Kühlschrank fest werden lassen. Die Brownies können im Kühlschrank 5–6 Tage verwahrt werden.

Einkaufs-adressen

Farben, Fondant, Streusel und Ähnliches

- www.meincupcake.de
- http://tortenwelt-shop.com

Schöne Muffinformen

- www.cupcakelook.com

Schokolade und Zubehör

- www.chocolats-de-luxe.de/
- www.worldofsweets.de

Gewürze, Pulverfarben, Lakritz und ähnliches

- www.backstars.de
- www.amazon.de
- www.lakritzerie.com

Mandelmehl

Fertig gemahlenes Mandelmehl erleichtert die Arbeit, wenn man Macarons backt. Es kann etwas schwer zu finden sein, wird aber oft in gut sortierten Delikatessenläden, asiatischen Lebensmittelläden, Reformhäusern oder Bioläden verkauft.

- www.e-biomarkt.de
- www.amazon.de

Schwedischer Backsirup

- www.schweden-markt.de/

Dank

Ein riesengroßes Dankeschön an alle,
die mir bei diesem Buch auf die eine
oder andere Weise geholfen haben!
Ulrika Pousette, Katy Kimbell, Eva Kruk,
Miriam Parkman, Maria Nilsson, Mia Gahne,
Åsa Rickman, Petronella Nilsson, Felicia Nyström,
Anki Sörensen, Annelie Wahlberg Leiwerth,
Petra Grossman, Tara Junker, Lisa Crafoord,
Anders Lundkvist, Elisabeth Pettersson,
Gunnel Lindhult und Marie Abrahamsson.

REGISTER

Amaretti 84
Apfel-Cupcakes 54

Blaubeer-Cupcakes 44

Cakepops 62
Cakepops mit Schokoladenfüllung 63
Cupcakes 43

Erdbeer-Cupcakes 50

Fudgetörtchen 87

Glasierte Mürbteigkekse 75

Haselnuss-Macarons mit Birnencognac-Ganache 20
Himbeerganache-Schnitten 39
Himbeerkekse 78
Himbeer-Macarons 17

Ispahan 32

Kardamom-Macarons mit Milchschokoladenganache 26
Kokos-Maracuja-Cupcakes 57
Krokantschnitten mit Rumganache 40
Kugelprobe 24

Lakritz-Cupcakes 48
Lakritz-Macarons 29
Lavendelmedaillons 88
Limette-Minz-Macarons 14

Macaron-Lollies mit Erdbeerganache 30
„Macaronschule“ 8
Madeleines 81
Mandelmehl 9
Maracuja-Macarons 13
Marmorierte Haselnuss-Brownies 91
Minicupcakes mit Rosenwasser und Grapefruit 58

Nugat-Dubletten 77

Orangenganache-Biskuits 37
Osterpops 65

Petits Fours 72
Pfefferminzstangen-Cupcakes 53
Preiselbeertörtchen 87
Pulverfarbe 9

Rocky-Road-Cupcakes 47

Schokoladenganache 34
Schokoladenkugeln mit Kaffeelikör 71
Schokoladen-Macarons mit Kaffeeganache 22
Schokoladen-Macarons mit Salztoffee 25
Schwarze-Johannisbeer-Macarons 19
Spritzen 42, 59
Straßburger 82

Weihnachtspops 66
Whoopie Pies 69

VERLAGSGRUPPE PATMOS

PATMOS
ESCHBACH
GRÜNEWALD
THORBECKE
SCHWABEN

Die Verlagsgruppe
mit Sinn für das Leben

Aus dem Schwedischen von Julia Gschwilm

FSC www.fsc.org
MIX
Papier aus verantwortungsvollen Quellen
FSC® C004592

Für die Schwabenverlag AG ist Nachhaltigkeit ein wichtiger Maßstab ihres Handelns. Wir achten daher auf den Einsatz umweltschonender Ressourcen und Materialien. Dieses Buch wurde auf FSC®-zertifiziertem Papier gedruckt. FSC (Forest Stewardship Council®) ist eine nicht staatliche, gemeinnützige Organisation, die sich für eine ökologische und sozial verantwortliche Nutzung der Wälder unserer Erde einsetzt.

Umschlaggestaltung: Finken & Bumiller, Stuttgart
Druck: Firmengruppe APPL, Wemding
ISBN 978-3-7995-0500-0

Mia Öhrn
Autorin
Miriam Parkman
Assistentin
Ulrika Pousette
Fotografin